世界の駅・日本の駅

小池滋・青木栄一・和久田康雄［編］

悠書館

世界の駅・日本の駅

目次

第4章 貨物輸送と駅　中島啓雄 79

第5章 駅のホテルと百貨店　和久田康雄 107

第6章 文人ゆかりの駅　佐藤喜一 127

総説　駅の文化史・社会史

小池　滋

駅とは何か？

こんなことを言うと「いまさら何をわかりきったことを」と、せせら笑う人がいるかもしれない。「駅とは列車を停めて客や荷物を降ろしたり乗せたりする場所、施設さ」

まさにその通り、ご名答である。でも、それは「降ろしたり乗せたりする」側、つまり鉄道側の見方である。では、「降りたり乗ったりする」側、つまり一般人の見方からするとどうなるのか。

駅で仕事をしている人以外で、駅にいるのは、乗降客、それを見送り迎える人、切符などを買ったり旅行の相談したりする人、つまり鉄道旅行に何らかの関わりを持つ人たちだけだろうか。「その通り。それ以外は鉄チャンとかいう妙な人種だけさ」と答える人には、次の詩を聞かせてやりたい。

ふるさとの　なまり懐かし停車場の
人ごみの中に　そを聴きにゆく

この歌の作者、石川啄木が「鉄チャン」だったかどうかの議論はいまは遠慮しよう。ともかく彼は別に車両を眺めるために、わざわざ駅に行ったわけではない。そして、啄木が極めて例外的な変わり者だったとも思えない。同じような人が他にもいたはずだ。

ぐっと新しくなって、戦後の東京オリンピックの年（昭和三九年）に生まれて流行した歌謡曲「あゝ上野駅」（駅に記念の碑まで作られている）の主人公は、はたして啄木の詩を知っていて真似をして、配達の仕事が終った後に駅へ行ったのだろうか。これも確答を出すことはできないが、おそらく知らずに、自分の気持だけに動かされてのことだったろう。そして、あの歌がヒットしたのは、同じことをしたいと思う人、あるいはしている人が多くいたからだろう。

駅とは、一般の人にとって、鉄道旅行のために利用するだけではなく、それ以外の役を果たすことがある。つまり、ある感情の代償物となる。地方に住んでいるある人にとって、その土地の駅は大都会へ出たいという願望を果たすことができない時、せめてもの慰めを得たいと、例えば東京までつながっている線路を眺めに行く場所である。

願いが叶って憧れの大都会に出て来ても、満足と成功をかち得なかった人は無数にいた。失意と挫折感を抱いて故郷に向かう列車に乗って帰った人は、まだ幸運の人だった。金がないとか、その他の事情で帰りたくても帰れない人は、せめてもの慰めをと駅に行くしかない。

駅とは、このように希望と失望、成功と挫折が交錯する場所である。その他にも、出会いと別れにあふれた場所でもある。そして、これが重要な点なのであるが、いつも大勢の人でごった返していながら、個々の人間、希望や失望を抱き、出会ったり別れたりする人は、当事者だけのかかわりは持つが、まわりの大勢とは無縁の存在、赤の他人の孤独な人間ばかり。「群衆の中の孤独」とは、よく聞く言葉だが、駅こそこれがもっともはっきり理解できる場所である。

上野駅の人ごみの中で首尾よく故郷のなまりを耳にした時、啄木は感激のあまり相手に声をかけたり、手をさし伸べたり、抱きついたりしたわけではない。知らん顔をするしかなかった。

だから、近くにいた同郷人も、同郷のひとりが傍にいて感動していることに気付きもしない。互いに一瞬の接近の後、すぐに別れ別れになってしまう。「あゝ上野駅」の主人公についても同じである。

近代の（特に都会の）生活の象徴とも言えるのが駅であって、だからこそ多くの文学、音楽、絵画、映画などなどに、しばしば駅が材料として利用される。個々の具体例については、この後の各章に譲ることにしたいが、駅というものの機能的、目に見える特色に注目するだけでは完全な理解とは言えまい。それ以外に、目に見えぬ駅の特色、役割にも関心を寄せてもよいだろう。

駅をこのように評価することは、必ずしも新しい時代のこと、利用者である一般市民の視点だけに限られたわけではない。

ヨーロッパやアメリカの大都市のターミナル駅の中には、一九世紀の中頃に建てられたままの姿を守って保存されているものもある。それらを見ると、必ずしも機能的な視点だけに徹底していたとは思えない。もちろん駅を建てたのは鉄道側、当時はほとんどが民営鉄道だった。

無尽蔵に金があり余っていたわけではない。それなのに今日では余計なお遊び、無駄金づかいのように思えるものがある。

駅舎の様式が当時の「現代的、機能的」とはほど遠いものが多くあった。今は消えてしまったがロンドンのユーストン駅入口の、まるで古代ギリシア神殿のような巨大な飾り柱の列。今でも見られるものでは、中世の大聖堂のような天高くそびえるゴシック様式、イタリア・ルネサンス、フランス・ルネサンス様式などなど。はたして単なる時代錯誤のお遊びなのだろうか？

そんなノンキなものではなかった。各私鉄は競争して客を呼び込まなくてはいけなかったのだから、無理してでもライヴァルの駅とははっきり違った外観の駅舎を建てなくてはいけなかった。当時は字の読めない人も多かったろうから、サインボードだけでは区別をつけることが難しかった。会社が安定していることを誇示せねばならないから、多額の金を払って有名な建築家にデザインを頼み、無駄な装飾をつけてでも、他の駅と違うことを視覚的に大衆に見せつけなければならなかった。鉄道本来の仕事から見れば余計なものでも、広いコンコースを作って、用のない客をも引きつけようとした。旅行する人だけが利用するわけではないホテル、レストラン、商店などを付属施設としてとり込んだ（詳しくは第2章「駅と建築」第2節を参照）。

欧米列強の植民地となった場所では、この傾向がもっと露骨になった。インドを例にとってみると、一八八七年、つまりヴィクトリア女王（インドでは女帝）の即位五十年記念の年に開業した西インドのボンベイ（現在のムンバイ）のヴィクトリア駅は、本国ロンドンのヴィクトリア駅をはるかにしのぐ豪華壮麗な建築物だった。その代り、様式はごった煮で悪趣味の極と後世の人から批判されたが、そんなことはお構いなし。一鉄道会社のではなくて、大英帝国のステイタス・シンボル、ショールームでなければならないのだから。

これに負けじとばかり、東インドのカルカッタ（現在のコルカタ）の中央駅が一九〇六年に新しくお目みえした。様式の混在はさらにひどく、「チベットの僧院とイギリスの監獄の混合」と悪口を言った人もいる。でも、完成当時は「インド、いやおそらくアジア最大の駅」と豪語したものである。これらの駅を眺めた原住民のある者は、先進国の文明の象徴と憧れ、ある者は自分たちの血と脂の搾取の結晶と憎んだろう。心ならずも本国から移住して来たイギリス人は、啄木のような複雑な思いをこめて、用もないのに駅にやって来たことだろう。

以上は駅の建築物という目に見える物についての話であるが、それ以外の目に見えぬ面でも、駅はさまざまな反応を招き寄せた。一九世紀のヨーロッパでは科学が宗教にとって代り、神への信仰がテクノロジーへの信仰によって弱められていった。かつては都市住民の精神的中心としての集会場は大聖堂だったが、いまや駅がそうなっていた。その時代のフランスの詩人、テオフィル・ゴーティエに言わせると、駅とは、

近代産業の殿堂で、そこに今世紀の宗教、すなわち鉄道の宗教が顕現している。この新しい人間の宗教の大聖堂は、諸国民の集合所であり、すべてが集まる中心であり、世界の果てまでレールの光線を放射している巨大な星の核である

これだけではひとりの変人の大げさなメッセージと受取られるといけないので、同じ世紀の同じ国の小説家エミール・ゾラの言葉をつけ加えよう。

君たち現代詩人は、現代生活を嫌っている。君たちは君たちの神々に逆らっている。

君たちは君たちの時代を率直に受入れようとしない。なぜ駅を醜悪と感じるのかね。
駅とは美しいものだ

具体的な作品による例証を必要とするならば、ゾラ自身がその駅、パリのサン・ラザール駅を描写した小説『野獣人間』（一八九〇年発表。『獣人』と訳した本もある。映画にもなって日本でも上映された）の一節を読んで下さい。サン・ラザール駅といえば、クロード・モネの有名な何枚かの絵を思い出すが、それを眺めて下さい（一九九ページを参照）。

これ以上くどくど述べるのは遠慮して結論を急ごう。駅とは単なる鉄道施設であるが、それ以上に都市生活の重要な核である。最近流行の少々キザな言い方を借りるならば、都市を記号論的に「読み解く」際に不可欠な鍵のひとつなのだ。

それを再確認するかのように、一九七八年一二月一三日から翌年の四月九日まで、パリ中心部の市場跡を再開発して出来上ったポンピドゥー・センターで、「鉄道駅の時代」と題する大展覧会を開催し、欧米各国の交通（鉄道）博物館から借り出した貴重な資料を展示した。残念

「鉄道駅の時代」展のカタログ

ながら私はそれを自分の目で見ることはできなかったが、発行されたカタログを見ただけでも、素晴らしい内容だった。その序章に「駅。新しいバベルの塔」という表題がついているのは興味深い。

　ご存じの通り、「バベルの塔」とは人間が知恵をあまりにも誇示したことで、神が傲慢を罰するために互いの言葉を理解不能にしたという『聖書』の中の物語である。人間が産業革命後のテクノロジーの進歩と物質的繁栄に酔った象徴が駅だった。駅とは人間が多く集まる場所だが、個人同士の結びつき、コミュニケーションは何とも不安定であいまいである。そこで耳にできるのは相互理解ではなくて、雑音、混沌のみ。啄木が求めたなまりと、それ以外のなまり――なまりばかりが渦巻いていて、精神の連帯はない。

　しかも、駅の建物は絶えず流動し、改装、改築、取りこわし、増築、そしていつかはまた廃墟となる運命だ。私は別にキリスト教の敬虔な信者ではないが、駅が「バベルの塔」にたとえられたことに妙に納得してしまい、それから、少々こわくなった。

というわけで、これから「駅とは何か?」の問いに対する、いろいろな答案をお見せしよう。読者の皆さんも、ご自分の答えを試みて下さい。

第1章

都市の形成と駅の立地

◎

三木理史

はじめに

一九八〇年代には、イギリスでJ. Richards, J. M. MacKenzie, "*The Railway Station : A Social History*"(Oxford University Press, 1986)が、その翌年には日本でも原田勝正『駅の社会史』(中央公論社、中公新書八五五、一九八七年)が相次いで刊行されたが、いずれも駅の立地に関する章節を設けてはいない。そのため駅の立地を正面から取り上げた著作は意外に少ない。

そして、日本にほぼ限定した通史的叙述の『駅の社会史』に対し、"*The Railway Station*"は世界全体に目を配り、全体を建築、経済、戦時体制から構成しつつ、随所に特殊項目を配している。そのひとつが'Some Station Types'と名付けた駅の類型論で、駅をその利用主体から、貴賓利用駅、通勤・通学利用駅、巡礼利用駅、海浜利用駅、農村利用駅、そして衰退した駅に大別している。いずれも駅立地と深い関係をもつ内容ながら、残念ながら本章のいまひとつの主題である「都市」という切り口は明確にされていない。

それでは「都市」とは何か。さしあたりその議論を目的としない本稿では、多くの人や物の集散する市街地と考えておきたい。その多数の人や物の集散を担う施設のひとつに、空港や港湾などと並んで駅がある。日本語の「駅」は本来、古代の駅制に始まる道路施設を指してきたが、鉄道が停車場や停留場等の施設を「駅」と通称するようになり、近年では逆に道路施設が「道の駅」を名乗っていることは周知の通りである。そして、多くの駅には駅前広場があり、その先の大通りとその周囲に商店街も形成され、街の顔になってきた。

そのため駅とは街の中心に置かれるもの——と、つい思いたくなる。しかし、よくその都市の市街図を見てほしい。あるいは旧版地図を探し出して、それと現状とを比較してみてほしい。そうすれば、たいていその位置が街の中心ではない、あるいは街の中心から離れたり、ずれたりしていることに改めて気付くであろう。駅を街の中心に置いた——というのは往々にして誤解なのである。

それを古今東西にわたって体系的に明らかにし、長らく常識化してきた鉄道「忌避」に一石を投じられたのが、青木栄一『鉄道忌避伝説の謎』である。街が鉄道を追い出したという、よくある「鉄道忌避」の謎解きは同書に委ね、本稿では国内はもとより、海外の事例も交えながら、都市形成と駅の立地の問題を考えてみたい。

1　幹線鉄道と大都市起終点駅

まず、日本でいえばＪＲ（旧国鉄）にあたる国家の幹線軸を形成する幹線鉄道の大都市駅の立地形態から考えてみよう。その場合、起点となる大都市と通過点となる地方都市に区分すると、前者では終端駅と中間駅に区分され、その一部には分岐駅（連絡駅）が含まれる。

起点となることの多い首都やそれに準ずる大都市は、市街地の範囲も大きく、複数の鉄道駅をもつ場合が多い。東京には首都名をずばり冠した東京駅のほかに、新宿駅、上野駅等の各地区名を冠した駅があり、各々東海道本線方面、中央本線方面、東北本線・高崎線方面を中心に利用されている。ロンドンに首都名をずばり冠したロンドン駅はなく、キングス・クロス駅、セント・パンクラス駅、パディントン駅等の都市内の地区名を用いた駅が、各々スコットランド東部方面、レスター、シェフィールド方面、ブリストル、バース、ウェールズ南部方面への玄関になっている。北京では、首都名をずばり冠した北京駅にモスクワやウランバートル等へ向かう国際列車などの長距離列車が、北京西駅に香港やベトナム方面への列車が、北京南駅等に天津への高速列車が各々発着し、現在は位置関係から東西南北で区別している。また、興味深い例としてモスクワでは、首都名をずばり冠したモスクワ駅がないのみならず、都市内駅には目的地名を冠したキエフ駅やカザン駅等が存在している。

いずれにせよ、幹線軸上にある大都市駅は、一般に世界的にも四方八方へ路線を拡大しており、地理的に好適な位置の駅を起終点として列車を運転している。しかし、一方で異なる路線間の乗り換えを不要にする直通運転の魅力も高まってきている。ＪＲでも、一九七〇年頃まで行われていた東北本線や高崎線等の特急列車の東京駅乗り入れを、東北縦貫線（宇都宮・高崎・常磐各線の列車の東京駅乗入）として新たな構想の下に計画中であることは周知の通りである。

一方、大都市は旅客のみならず貨物の集散拠点でもあり、それに対応した貨物駅の整備も必要となる。鉄道の開業間もない時期には旅客駅の一角で貨物を取り扱う客貨共用駅が多かったが、やがて取扱量の増加によって客貨分離が進行した。日本における最初の貨物専用駅は、一八九一年に日本鉄道が開設した秋葉原駅とされている（上楽　隆『鉄道貨物輸送と停車場』東神堂、一九九三年）。一九一四年に現在の東京駅が完成し、創業以来の新橋駅が貨物専用の汐留駅に転用されたことも周知の通りである。貨物には荷役と呼ばれる積み替え作業が不可欠であり、そ

図1　船と馬力で貨物を継送していた大正初期の大阪荷扱所（1910年頃）
出典：『大阪府写真帖』

の利便を考慮して都市内貨物の主要移動路である水路を貨物駅に引き込むことが多かった。秋葉原や汐留はもちろん、大阪駅の客貨分離によって一九〇九年に開設された大阪荷扱所（図1）も、その前面に大規模な船溜を有していた。

2　幹線鉄道中間駅と地方都市

現在の日本では、民鉄はもちろん、ＪＲでさえも新幹線を除き、ほぼ一〇〇㎞未満の地域輸送が中心である。そのためＪＲは、国鉄時代から地元の利便性を確保するため、従来は長かった駅間距離を短縮すべく新駅の開設を続けてきた。たとえば、一八七六〜七七年の大阪〜京都間鉄道開通時に、途中区間へ設置した駅はわずかに吹田、茨木、高槻、山崎、向日町の五駅であったが、現在はその間に一四駅があり、駅間距離も約四分の一にまで短縮された（二〇〇九年現在）。つまり、明治期幹線鉄道の中間駅設置は地域の拠点市街地に限定されていたのである。

そのため駅の設置された市街地は、城下町や宿場町などの格式ある街も多く、プライドも高かったであろうことが想像に難くない。城下町の多くは建設時に街道の引き込みや河川の付け替えを行い、また宿場町はいうまでもなく街の中心を街道が貫いていた。それらの街にとって交通の利便はいわば潜在条件のひとつであった。ところが、明治以後に建設された幹線鉄道は、大都市間直結を趣旨として建設したため、かつての城下町や宿場町といえども、すべてに立ち寄っていては線形が悪くなり、列車運行やその速度向上の支障となる場合が多かった。そこで中小の城下町や宿場町を外しても、直線になる線形や緩勾配の路線が選ばれたといえよう。

ところが、古くからの城下町や宿場町には、それが大いにプライドを傷つける出来事であったことも想像に難くない。そのため逆に鉄道が開通すれば宿場町が寂れる、街の風紀が乱れる等の要因をあげて、街が鉄道建設に反対したのだ、という風聞が「鉄道忌避」の正体であり、それを「伝説」視する青木栄一氏の論点でもある。そうした有名な鉄道忌避街の代表である愛

図2　広大なゴビ砂漠を驀進する蘭新線の列車　撮影：筆者、1992年8月

知県岡崎市は、中心市街地と東海道本線岡崎駅が約二km離れている。日本では約二km「も」であるが、世界に目を向ければ高々約二km「しか」になる。

広大なゴビ砂漠を貫いて走る中国の蘭新線は、蘭州《らんしゅう》（甘粛省《かんしゅく》）から新疆《しんきょう》ウイグル自治区の首府であるウルムチを結ぶ一八九二kmにおよぶシルクロード沿いの長大路線で、一九六二年に開業した（図2）。そして、ウルムチからカザフスタンを経てヨーロッパにいたる国際鉄道路線の一部を成している。その蘭新線は起終点の蘭州とウルムチ、および武威《ぶい》（甘粛省）や哈密《ハミ》（新疆ウイグル自治区）等では比較的市街地に接近するが、金昌《きんしょう》、張掖《ちょうえき》、酒泉《しゅせん》、嘉峪关《かよくかん》、敦煌《とんこう》等の甘粛省、吐魯番《トルファン》等の新疆ウイグル自治区の主要都市はほとんど無視するかのように西進する経路を採る。そのため敦煌のような世界的な観光拠点都市でも、最寄りの酒泉駅から数十㎞も離れることになる。

幹線鉄道が中間都市に接近するか否かは、その街の格や規模もさることながら、路線の線形や勾配の緩急で決定されると考える方が理に適った解釈であろう。したがって、数多くの「鉄道忌避」は、各地方の論理としてこそ合理性をもっていても、路線全体の建設目的に照らせば非合理的な解釈に過ぎないことが多い。鉄道は、点としての駅よりも、線としての路線を優先するのが古今東西の一般的な趨勢といえよう。

3　都市駅の顔と陰

鉄道の開通で開設された駅は、やがて街の玄関となり、また顔にもなってゆく。国全体が低湿地のオランダでは、一九世紀半ばまで水上交通網が充実していたため、鉄道敷設が遅れ気味であった。ところが、一八六〇年に施行された「鉄道法」によって鉄道建設が飛躍的に増加し、北部の港町ニューエ・ディープ〜アムステルダム間鉄道が開通すると、この新路線とベルギーに乗り入れるＨＩＪＳＭ線、ドイツに乗り入れるＮＲＳ線の三線を連結する計画が進行し、その統合駅としてアムステルダム中央駅が建設された。その用地には、都市の顔として市内中心部への利便性の向上と併せて、近距離フェリーや遠距離客船との連絡を考慮して港を臨む人工島が選ばれた。ところが、海運関係者から船の発着場所が失われるため、北海運河の咽喉部のエイ湾（アムステルダム港所在の入江）への架橋が不可欠であるとして反対運動が起きた。しかし、結果的には、中央駅の開業によってアムステルダムと北海へのアクセスはむしろ強化されることになった（A. Oxenaar〔二瓶優子訳〕「*Amsterdam Central and Tokyo Central——Different Members of the Same Family*（オランダ——二つの中央駅・アムステルダムと東京）」吉川盛一・水野信太郎編『東京駅と辰野金吾——駅舎の成り立ちと東京駅のできるまで——』東日本旅客鉄道、一九九〇年）。

そのアムステルダム中央駅が、東京の玄関として一九一四年に竣功した東京駅丸の内側の原型であるとする説は多い。東京駅はまさに皇居を臨む丸の内側に顔を向けて建設されたが、もう一方の東京湾に近い八重洲側は東海道新幹線の開業まで、アムステルダム中央駅の北海側と同様に、駅裏地区の様相であった。札幌駅や大阪駅の北側、名古屋駅の西側や京都駅の南側等にもそれらは共通する。近年はかつての駅裏を、区画整理によって再開発して印象を一新したところも少なくないが、第二次世界大戦直後には闇市が建ち並び、その後もインナーシティ

図3　巨大なスラムの脇を抜けてダッカ駅に進入する長距離列車
撮影：筆者、1995年12月

（大都市内の衰退地区）化していたところが少なくない。駅は都市の顔である一方で、陰の一面も併せもっている。

発展途上国では、現在も巨大な労働市場である大都市への人口移動が継続しており、バングラデシュの首都ダッカも、国内各地から仕事を求めて多数の人口を集めてきた。そうして集まった労働者には、職を定めてから上京してきた者が少なく、多くはとりあえず列車に乗り込んでダッカを目指すのが一般的であり、彼らにとってダッカ駅は終着駅であると同時に、職業生活の起点でもあった。しかし、安定職がすぐに見つかることは少なく、多くは駅周辺に寝泊まりしつつ車夫などの雑役に従事する場合が多い。そのためダッカ駅周辺には巨大なスラムが形成され、同駅へ向かう列車はまずスラムを抜けて駅構内へと進入してゆく（図3）。スラム街では線路敷も生活スペースの一部を成し、列車が通るときを除けば、住民たちがそこで煮炊きをして、子どもたちが線路内を駆け回る光景を目にすることになる。

4 「鉄道町」の形成

「企業城下町」という言葉がある。地方都市にある企業の大規模工場が立地し、それを核に都市形成がなされたような場合で、かなりの住民がその企業で働いている場合である。海外ならアメリカ合衆国デトロイト（ゼネラルモーターズ、フォード）やドイツのドイツヴォルフスブルク（フォルクスワーゲン）、国内なら愛知県豊田市（トヨタ自動車）や茨城県日立市（日立製作所）等があげられる（カッコ内は核となる企業名）。それらと同様に、地方都市には鉄道関連施設が立地し、それを核に都市が形成され、住民の主要就業先にもなっている場合が多い。鉄道「企業城下町」は、交通路が接し、分岐する「結節点」に形成されて、鉄道の機関庫や補修工場を擁するために「鉄道町」と呼ぶことが多い。

「鉄道町」の代表として、イングランド中部の都市クルーの例が有名である。クルーは、プレストンやマンチェスター、リヴァプール等への鉄道の分岐点であったが、一九世紀半ばに人口はわずか二〇〇人であった。そこで、一八四〇年にグランド・ジャンクション鉄道は、車両の製造と修理のため鉄道工場を設置して従業員用住宅を設置すると、一八四六年に人口は一挙に二〇〇〇人に増加した。その後も同鉄道はクルーの鉄道関連施設の従業員向けの公共施設整備を進め、一九一〇年には人口が五万人にまで増加した（青木栄一『鉄道の地理学』）。

また、中国の吉林《きつりん》省長春《ちょうしゅん》市は、第二次世界大戦後は吉林省の省都として中国東北地方を代表する都市のひとつである。また、同市は京哈《けいは》線（北京〜ハルビン間）と、長図《ちょうと》線（長春〜図們《ともん》間）や長白《ちょうはく》線（長春〜白城間）の分岐点で交通の要衝でもあり、一九五四年に第一次五カ年計画の一環として、中国最大の客車製造拠点として長春客車工場が開設され、その生産規模は中国国鉄の客車の約半数にまでおよんだ。また、機関区をはじめとした鉄道現業部門の検修施設も設置され、交通関連産業都市となった。さらにそうした輸送機械製造の伝統は、やがて自動車産業の萌芽にもつながり、まずはソ連の自動車メーカーの援助の下に第一汽車製造工場が設立され、同社は解放後にフォルクスワーゲン、トヨタ等との合弁製造工場の立地を促した。

日本の鉄道町のひとつに、大宮（埼玉県）、鳥栖（佐賀県）等と並び米原（滋賀県）がある。一八八九年に開設された米原駅は、「まいばら」と読み、現在の市名も同音である。ところが、二〇〇五年の市制施行以前の町名は「まいはら」であった。米原町が鉄道町へ発展する契機は、駅開設と併せて、長浜機関庫を移設して米原機関庫（機関車一八両と従業員一七〇名）が設置されたことに始まった。それから約三〇年を経た一九二〇年には、米原駅の所在した入江村の交通業への就業割合が農業に次ぐ二五％を占めていた。当時、入江村の属した坂田郡全体の交通業への就業比率がわずか七％であったことと比較すれば、大変な高比率であった。そうした入江村―米原町の鉄道町としての発展は第二次世界大戦中も継続したが、その転機は東海道新幹線の建設で、新幹線の建設用地を捻出するために駅改良工事を進めるなかで、蒸気機関車用施設を中心に機関区の大幅な縮小を余儀なくされた。

さらに米原駅への人員配置は、新幹線開業直後の一九六五年には五〇〇名の大台にまでのったが、その後は徐々に削減され、国鉄分割・民営化直前の一九八六年には一三九名にまで減少した。一方、米原機関区の人員も一九六八年には六〇〇名であったが、分割・民営化を前にした一九八四年には施設自体が廃止となった。それらの変化は、同町の交通業への就業割合にも影響を与え、一九五〇年代までは一九二〇年代の比率をほぼ維持していたが、六五年には一挙に一四％にまで減少し、以後その比率を低下させ続けている。

5　鉄道駅と交通機関の連携

大都市では、「1」で触れた幹線鉄道の起点駅とは別に、郊外電鉄の起点駅が立地している場合が多く、両者を結ぶのが地下鉄、市街電車、バスなどの都市内交通機関である。

イタリアの首都ローマで一日約四八万人もの乗降客を誇るテルミニ駅は、国内はもとより、ヨーロッパ各地に向かう路線の集束点として、欧米の大都市に多い頭端式と呼ばれる行き止まり型のプラットホームが整然と並んでいる様子は圧巻である。一八六四年の開設とされ、また一九五三年の映画「終着駅」（Stazione Termini）の舞台にもなった。そして、地下に設けられた地下鉄駅ではローマ市内を結ぶ地下鉄A線（バッティスティーニ～アナニーナ間）と地下鉄B線（レビッビア～ラウレンティーナ間）がクロスし、また駅前近くには古くから市内の足となっているトラム（市内電車）の停留所もある。

大阪市の幹線鉄道駅である大阪駅は、一八七四（明治七）年の大阪～神戸間官設鉄道開業時に、当時の大阪市近郊の曾根崎村に設置され、その場所は付近の低湿地を埋めた「埋田」が「梅田」に転訛したという。ところが、政府は一八八五年に開業した阪堺鉄道（現・南海電気鉄道南海本線の一部）に梅田付近へ乗り入れるよう勧奨したが、大阪商人を中心にした発起人はそれを受け入れぬまま難波駅を起点に開業した。その後開業した私設鉄道は、阪堺鉄道の反骨精神に倣ってか難波近郊（大阪鉄道〔現・JR関西本線の一部〕、高野鉄道〔現・南海電気鉄道高野線の一部〕）や京橋付近（浪速鉄道〔現・JR片町線〕）に起点駅を開設し、大阪駅は一時市内で孤立した場所となってしまった。これらの多くは一九〇六〜〇七年の「鉄道国有化」で国鉄線に編入されたが、現在も駅を中心とした繁華街がミナミとキタに分離する要因となった。

一九〇三年に市営電気軌道（以下、市電）が市内に開業し、大阪市は市内の交通機関の市直営方針＝市内交通機関市営主義（市営モンロー主義）を採った。そのため一九〇五年の阪神電気鉄道を皮切りに、現在の関西大手五私鉄（阪神、阪急、京阪、南海、近鉄）の起点駅は当時の市域外縁部に置かれ、その付近の停留所で市電に乗り継いで市内中心部に向かうことになった。早くから市街地化した難波や、後年大きく発展した梅田を除く、天満橋や上本町のような郊外電鉄ターミナルはこうした経緯で生まれたものであった。

また、航空機未発達の時期に、海上輸送を介して鉄道を相互連絡するため港湾と鉄道駅を近

図4　ウラジオストク駅構内（左手：港湾ターミナル、右手：鉄道駅舎）
撮影：筆者、2009年7月

接させて旅客の利便を図った都市も多かった。前述のアムステルダム中央駅の例もそのひとつだが、より大規模なものとして、シベリア鉄道の極東側終点のウラジオストク駅がある（図4）。現在もウラジオストク駅は同港ターミナルに近接し、日本の伏木港等からの国際航路とシベリア鉄道をつないでいる。特に二〇世紀前半までに日本からヨーロッパを目指した要人の多くが、船と列車を乗り継ぐべくウラジオストクに降り立った。

一方、日本でも青函トンネル開通前の青森や函館は、鉄道連絡船と列車を乗り継ぐ旅客のために港湾に近接して駅を設置した代表的都市であり、同様なものに稚内（稚泊航路＝旧樺太の大泊との連絡）、高松（宇高航路）、下関（関門航路、関釜航路）、門司（関門航路）等があった。また、異色のものに、一九三〇年に長崎駅の一・一㎞南方に長崎港駅を設置して、上海航路連絡列車の乗り入れを行った事例がある。しかし、同駅は第二次世界大戦の戦況悪化によって航路と列車がともに運転を取りやめ、同戦後も復活することはなく、貨物取扱のみを継続したが、その廃止は国鉄の終焉と同じ一九八七年であった。

おわりに——駅立地のこれから——

中国の鉄道駅に降り立つと、農村部の真ん中のようなところは別にして、地方都市でも圧倒されんばかりの活気にあふれているところが多い。そして、駅前にはバスや客待ちタクシーが列をなし、商店が軒を連ね、「喧噪」という言葉にふさわしい雰囲気である。

一方、日本の地方都市では、都道府県庁都市クラスの中心駅は別として、それ以外では乗降する人さえ疎らなところが多い。駅前にもバスやタクシーさえ見えず、さらにシャッターを下ろした商店が多く、「閑散」という言葉にふさわしい雰囲気のところが増えている。

この対照的な景観をどう考えるべきか。二〇〇七年の乗用自動車保有台数は、中国が約三二〇〇万台、日本が約五八〇〇万台で（国土交通省「交通関連統計資料集」）、これを一台の所有人口に直せば中国は約四二人、日本は約二人となる。一九六六年に日本の自動車一台の所有人口が約四三人であり（自動車検査登録情報協会「自動車保有台数統計データ」）、現在の中国国民の自動車保有意識は約四〇余年前の日本のそれに相当することになり、おそらく鉄道への依存感覚もほぼその時期の日本に等しいものと思われる。

したがって、中国の駅頭で見られる「喧噪」は、一九六〇年代の日本のそれに相当することになるが、六五年生まれの筆者はせいぜい七〇年代以後の状況しか知らず、実態の真偽のほどはわからない。もちろん、日本の地方都市の駅前の「閑散」には、高齢化や人口減少等の人口問題の抱える構造的変化の反映もあろうが、最大の原因は自動車利用の増加にあるように思われる。その証拠に地方都市でも、ロードサイドには大型ショッピングセンターや量販店があふれており、それなりに活気が維持されているからである。

冒頭で述べた「駅が街の顔」というのは、正確には過去形にすべきであり、現在の、特に地方都市では駅前では日用品さえ満足に調達できない状況で、およそ「顔」とはいい難い。自動車交通の分岐駅にあたるインターチェンジはもちろん、近年流行している「道の駅」さえ、周囲に街を形成しないことからすれば、鉄道黄金時代に現れた市街地の活況は、もはや望むべくもないのかもしれない。日本では駅前もまた受難の時代である。

第2章

駅と建築

◎

小野田滋

1　駅の成立

鉄道の登場とともにもたらされたと考えられる駅という概念が、いつ頃から人びとに認識されていたのかは興味深い点である。鉄道より前にも、船着場や駅逓のような、交通の結節点としての場所は存在していたが、鉄道という新しい交通システムにとっては、模範となり得る対象ではなかった。初期の鉄道のひとつであるイギリスのリヴァプール・マンチェスター間鉄道のリヴァプール・ロード駅は、既存の建物を改装して駅として使用していたので、当時は鉄道における駅の存在もまだ曖昧なものにとどまっていたのであろう。

その後、鉄道の運行形態や経営形態が確立されるに従って、それぞれの役割に応じたさまざまな施設が必要となった。出札口、改札口、乗降場（プラットホーム）、待合室、荷物扱所、事務室、倉庫、便所、食堂などがそのつど追加され、複合建築としての駅がしだいに形成された。一八四〇年代に描かれたと推定されるドイツのライプチヒ・マグデブルク・ドレスナー駅の石版画を見ると、建物としてのまとまりに欠けるものの、中央に鐘楼のある駅本屋が明確に存在している。この鐘楼はほどなく時計台に改築され、時計は定時運行を表す装置として、鉄道の象徴となった。こうして、しばらくの間は試行錯誤の繰り返しであった鉄道の駅も、一八五〇年代になるとしだいにある一定のスタイルへと収斂することとなった。

そのさきがけのひとつが、フィリップ・ハードウィック父子の設計によって完成したロンドンのユーストン駅（一八三九～四九）であった。ドリス式オーダーにペディメントを載せたプロピュライアや、グレートホールと呼ばれた大空間の広間を備え、後の古典様式による駅舎建築のはしりとなった。このほか、アイザムバード・キングダム・ブルネルによるイギリスのブリストル・テンプル・ミーズ駅（一八四〇）、エドワルド・ポッシュによるドイツのライプチヒ・チューリンガー駅（一八四四）、ルイス・キュービットによるロンドンのキングス・クロス駅（一八五二）、ヴィクトル・ルノワールによるパリのモンパルナス駅（一八五二）など、ファサードとなる本屋を駅前広場に面して建て、その後方に鉄骨屋根による大鉄傘を用いた乗降場を設ける構成は、欧米の大都市で発達した頭端式ターミナルの基本的スタイルとなった。

ライプチヒ・マグデブルク・ドレスナー駅
所蔵：筆者

2 誇大妄想《メガロマニア》の大聖堂《カテドラル》

鉄道の駅が、都市や国家の象徴として認識されるまでには、それほど長い時間を要しなかった。一八六〇年代以降になると、駅はさらに進化し、特に大都市のターミナルでは、鉄骨のアーチと壮麗な建築を伴って巨大化した。こうした巨大なターミナルが登場した背景には、産業の発達によって人びとや貨物の移動がさかんになり、輸送量が急激に増加したこともさることながら、鉄骨造の発達によって、より広い空間を確保することが可能となったことも要因のひとつであった。

初期の鉄道駅に用いられていたのは、木造による単純なトラス式の小屋組であったが、ほどなく鉄骨造が普及した。イギリスのブリストル・テンプル・ミーズ駅（前出）では、鉄骨に中世教会建築のチューダー様式で多用された木造のハンマービーム構造を組み合わせて、大空間を確保した。また、フランシス・デュケネーによるパリの東駅《エスト》（一八六五）では、煉瓦造による壁を支えとして鉄骨アーチによる天井を架けた。こうした鉄骨造による大鉄傘が実現した背景には、橋梁技術者（当時はむしろ構造設計全般の専門家として活躍）の存在が大きく寄与しており、ギュスターヴ・エッフェルによるブダペスト西《ニュガティ》駅（一八七七）、ジョン・ファウラーによるイギリスのリヴァプール中央駅（一八七四）、ウィリアム・ヘンリー・バーローによるロンドンのセント・パンクラス駅（一八七六）、チャールズ・コンラッド・シュナイダーによるアメリカのジャージーシティ・ペンシルヴェニア駅（一八八八）、ヨハン・ヴィルヘルム・シュウェドラーによるドイツのフランクフルト中央駅（同年）などの例が挙げられる。

フランクフルト中央駅の鉄骨屋根

この時代を代表する駅としては、ジャック・イニャス・イットルフによるパリの北《ノルド》駅（一八六五）、サー・ギルバート・スコットによるロンドンのセント・パンクラス駅（前出）、フランツ・シュヴェヒテンによるベルリンのアンハルター駅（一八八〇）、ゲオルグ・エッゲルトによるドイツのフランクフルト中央駅（前出）、ペトルス・ヨセフス・ヒュベルタス・カイペルスによるアムステルダム中央駅（一八八九）などがある。さらにヴィクトル・ラローの設計により完成したパリのオルセー駅（一九〇〇）は、その過剰な装飾と贅を尽くした内部空間を誇り、廃止後も美術館として再利用されて今日にいたっている。一方、アメリカでは、マッキム＝ミード＝ホワイトによるニューヨーク・ペンシルヴェニア駅（一九一〇）、ワーレン＝ウィトモアーによるニューヨーク・グランドセントラル駅（一九一三）などが、いわゆるボザール様式による代表的建築として完成した。

こうした大ターミナルの多くが、古代ギリシャやローマ時代の古典的な建築様式を好んで用いたことは、特に留意すべき点であろう。当時、まだゴシックやルネサンスなどの様式建築がもてはやされた時期ではあったが、荘重な空間や巨大なオーダーは、鉄道の利用者に安心感や信頼感をもたらす上で、一定の役割を果たした。しかし、それ以上に、鉄道資本家たちの富と欲望を象徴した姿でもあった。古典的な建築様式に対する強いこだわりや憧れは、鉄道の発展によって成り上がった新興ブルジョワジーたちの好みと一致するものであり、民間資本によって発達した欧米（日本もかつてそうであった）の鉄道にとって、お互いの妍《けん》を競いあう場でもあった。そして、こうした一般大衆にもわかりやすい建築様式の選択によって、駅は都市や国家を代表する玄関としての地位を獲得することに成功した。建築史の立場で駅の歴史を体系化したキャロル・ミークスは、一八九〇年代以降の駅建築を「誇大妄想《メガロマニア》」時代と区分したが、まさしくそれは鉄道事業者の誇大妄想を具現化した大聖堂《カテドラル》だったのである。

3　東京駅と京都駅

こうした、外国の大ターミナルに対して、日本の初期の駅はきわめて質素であった。日本で初めて鉄道が開業した時点で、すでに外国では大規模なターミナル駅が登場していたが、鉄道に対する認識自体がまだ十分に固まっていなかったこともあって、とりあえず必要最小限の施設をそろえてスタートすることとなった。特に、土木技術者が中心であった黎明期の鉄道事業において、建築に対する理解はほとんど皆無に等しく、「工事は総て実用向きを主とすべき」とする井上勝の方針は、そのまま鉄道の体質を表すこととなった。土木技術者の関心は、限られた投資でより早く鉄道を建設し、全国を結ぶネットワークを完成させることにあり、駅は必要最小限の設備を整えて、その後の需要の増加に応じて増築すれば良いという思想であった。このため、煉瓦や石造による永久構造の駅はほとんど造られず、増改築が容易な木造建築が主

東京駅　所蔵：筆者

流であった。また、建築家の関与もほとんどなく、長野宇平治による関西鉄道の愛知駅（一八九六）、片岡謙吉による京都鉄道の嵯峨駅（一八九七）、吉井茂則による二代目大阪駅（一九〇一）などが知られる程度である。

こうした中で、一九一四年に完成した東京駅（建設時は中央停車場と称した）は、日本にとってはじめて国家の玄関を意識して建設された駅であり、従来の駅建築とは一線を画す特別な存在であった。東京駅の設計は、明治建築界に君臨した辰野金吾とそのパートナーである葛西萬司に委嘱され、鉄骨煉瓦造三階建てとし、ステーションホテルを併設した。また、皇室用の玄関を中央に据え、北口を降車専用改札、南口を乗車専用改札として、乗降分離を図った。この乗降分離は、後に利用者にとって不便なものとして批判の的となるが、一般乗降客よりもまず皇居との関係が重視されたのが東京駅であった。その東京駅と同じ年に完成した駅に、二代目京都駅がある。二代目京都駅は、一九一五（大正四）年一一月に京都御所で行われた大正天皇の即位大礼に間に合わせるため建設されたもので、設計は、後に独立してオフィスアーキテクトとして活躍した鉄道院西部鉄道管理局技師・渡辺節《せつ》であった。

二代目京都駅で示した渡辺の設計思想は、きわめて斬新なものであった。駅前広場は一個連隊が収容できる広さとし、貴賓室を烏丸通りの軸線と一致させ、天皇の便殿を設けるというのが本院からの設計要求であったが、渡辺は外国の例でも貴賓室は駅の隅にあり、年に数回しか使用しない設備を駅の中心に設けることは、駅の構造上無駄であるとした。この主張は、時の西部鉄道管理局長・長谷川謹介の認めるところとなり、本院に乗り込んだ長谷川は、平井晴二郎副総裁をはじめとする幹部の前で激論を交わした末、平井の一言によって渡辺の案が了承された。

渡辺はさらに、二代目京都駅を梅小路機関庫と同じ鉄筋コンクリート構造にしたいと主張したが、工期が迫っていたため、これは断念せざるを得なかった。また、京都駅には当時、高架化の計画があったため、乗降場の屋根を架ける鉄骨は高架駅に再利用すること

二代目京都駅　所蔵：筆者

とし、駅本屋はそれまでの使用（約一〇年程度を想定）に耐えられる設計とした。二代目京都駅は、一九五一年の失火によって失われることとなるが、もし当時、鉄筋コンクリート構造で完成していたならば、焼失を免れていたかも知れない。

辰野と渡辺は、ちょうど三〇歳の年齢差があり（辰野の東京帝国大学退官後に渡辺が同校に入学したため直接の師弟関係にはなかった）、片や建築界の大御所、片やまだ無名のインハウスアーキテクトに過ぎなかったが、渡辺自身はおそらく東京駅を強く意識した上で京都駅を設計していたものと考えられる。東京駅は辰野金吾にとって畢生の大作と呼ぶにふさわしい存在となったが、それは同時に去り行く明治建築への挽歌でもあった。明治国家の建設を具現化した辰野の時代は東京駅をもって終焉し、時代はすでに次の世代へと移りつつあったのである。

しかし、渡辺の在籍当時、鉄道における建築技術者は土木系中心の組織の中で仕事をしていたため、本院の幹部となる道はほとんど閉ざされていた。このため、建築学科の卒業生が採用されても待遇面の不満から短期間で独立してしまい、結果的に渡辺もそのひとりとなった。こうした中で、一九〇七年に東京帝国大学建築学科を卒業し、千葉県庁を経て鉄道院に採用された久野《くの》節《みさお》は、一九二〇年の鉄道省発足と共に創設された本省工務局建築課の初代課長に就任し、鉄道分野における建築技術者の地位向上に貢献することとなった。ちなみに久野は、鉄道省退官後に、久野節建築事務所を開設し、参宮急行電鉄（現・近鉄）・宇治山田駅（一九三一）、東武鉄道・浅草雷門駅（一九三一）、南海鉄道・難波駅（同）、など、ターミナルアーキテクトの第一人者として活躍した。

パリ地下鉄12号線・アベス駅

4　モダニズムの台頭

東京駅が完成した頃、欧米では大ターミナルの建設が一段落していたが、その一方で新しい建築思想に基づく駅が登場するようになった。特に、新たな交通機関として発達しつつあった都市鉄道では、既成の概念にとらわれない新しい建築様式の吸収に積極的で、ヴィーン分離派（セセッション）のオットー・ヴァーグナーによるヴィーン市営鉄道の諸建築（一八九〇年代）、アール・ヌーヴォーを取り入れたエクトル・

ギマールによるパリ地下鉄の入口（一九〇〇）などがそのはしりとなった。また、ロンドン地下鉄では一九二〇年代にアーツ・アンド・クラフツ運動の流れをくむチャールズ・ホールデンによる駅本屋が設計されるようになり、エドワード・ジョンストンのカリグラフィ、ヘンリー・チャールズ・ベックのダイアグラム路線図などとともに、質の高い公共デザインのあり方を提示した。

このほか、セセッションの影響を受けたアウグスト・シュトルツェネッカーによるドイツのカールスルーエ中央駅（一九一三）、民族主義的要素を取り入れたエリエル・サーリネン（建築家エーロ・サーリネンの父）によるヘルシンキ中央駅（一九一四）、過剰な装飾を廃してシンプルな石積みのみで構成したパウル・ボナッツによるドイツのシュツットガルト中央駅（一九二八）、などがこの時期に完成した。また、実現はしなかったが、ドイツ表現派のエーリッヒ・メンデルスゾーンやイタリア未来派のアントニオ・サンテリアも一九一〇年代に鉄道

シュツットガルト中央駅

駅をイメージしたいくつかのスケッチを描き残した。こうした新たな建築運動は、一九二〇年代にドイツのヴァルター・グロピウス、ミース・ファン・デル・ローエらによるバウハウスや、フランスのル・コルビュジエによるモダニズム建築として開花し、鉄、ガラス、鉄筋コンクリート構造の大胆な適用とともに、無装飾で実用本位な建築として、インターナショナルスタイルが誕生することとなった。鉄道建築では、ジョバンニ・ミケルッチによるイタリアのフィレンツェ・サンタ・マリア・ノヴェッラ駅（一九三六）、オットー・フローディンとエーロ・セッパラによるフィンランドのタンペレ駅（一九三八）、H．G．J．シェリングによるオランダのアムステル駅（一九三九）などがその代表作となった。

5　日本のモダニズム

このような海外の動向に対して、日本で最も敏感に反応したのは、逓信省営繕課の建築集団であった。逓信省は、かつて鉄道作業局を管轄するなど、鉄道とも関係の深い組織であったが、山田守、吉田鉄郎、森泰治などの建築家を擁し、東京中央電信局（一九二五）、東京中央郵便局

（一九三一）など、わが国のモダニズムを代表する建築を次々と完成させて注目を集めた。

こうした逓信省の動きに呼応するかのように立ち上がった建築家が、一九二三年に東京帝国大学建築学科を卒業して鉄道省に入省した伊藤滋であった。伊藤は後に、「鉄道建築の良きライバルである逓信建築が、郵便局や電話局やその病院などにおいて世界的な注目を集めたのに比べると、創立の日尚浅かったとはいえ数歩の遅れを認めざるを得ない。」と当時を回想し、鉄道建築の現状を憂慮した。そして、自らモダニズムを手がけ、日本の鉄道建築に革新をもたらしたのである。

その伊藤のパートナーとして活躍したのが、ル・コルビュジエのもとで修行を積んだ土橋《つちはし》長俊《ながとし》であった。土橋は、東京帝国大学美学科を中退して早稲田大学建築学科を卒業後、一九二七年に鉄道省入りしたが、一年間休職してル・コルビュジエのもとへ私費留学した。土橋は、パリからル・コルビュジエをはじめとする最新の情報を日本に書き送り、日本のモダニズム運動にも少なからず影響を与え、帰国後は伊藤とともにモダニズム建築の設計に取り組んだ。伊藤は、先輩の不祥事によって海外視察を諦めざるを得なかったが、土橋によってもたらされた最新の海外情報は、大いにその心を動かしたと考えられる。

一九三二年に伊藤滋の設計によって完成した御茶ノ水駅は、典型的なインターナショナルスタイル建築として設計され、震災復興橋梁として完成した聖橋（一九二七・山田守、成瀬勝武設計）とお茶の水橋（一九三一・小池啓吉設計）に囲まれた神田川に新たな都市景観を誕生させた。御茶ノ水駅の特徴は、そのデザインのみならず、旅客流動を極限まで追求した結果考えられた、新しいタイプの通勤駅であった。伊藤は、いったん待合室に旅客を滞留させてプラットホームへ導くという従来の駅の設計を退け、街路と停車場を一体化させて次々と旅客を捌く、電車列車の時代にふさわしい駅を提案し、これを実践した。こうした構造の駅は、今や一般的となってしまったが、その原点が御茶ノ水駅だったのである。

御茶ノ水駅　所蔵：筆者

御茶ノ水駅の設計にあたっては、湯島聖堂の至近であることなどから某団体から東洋趣味を重んじるよう要求があったが、伊藤はこれを一蹴し、先行した聖橋とお茶の水橋との調和を重視した。伊藤は後に、電車列車による鉄道輸送をベルトコンベアに例えたが、これは「住宅は住むための機械だ」と言い放ったル・コルビュジエの発言にも通底する思想であった。

土橋長俊の設計による鉄道博物館が万世橋駅に完成したのは、一九三六年のことであった。旧万世橋駅本屋の基礎を流用したこの博物館は、参観者の動線を重視し、鉄骨の架構による大空間と、カンチレバーの多用による空間の確保、ガラス張りの階段室など、斬新な手法で注目された。御茶ノ水駅の完成と鉄道博物館の完成によって、戦前の鉄道省建築はようやく建築界の時流に追いついたが、鉄道省本省（一九三七）、三代目大阪駅（一九四〇）などいくつかの成果をもたらしたにとどまり、戦争の影響によってしばしの中断を余儀なくされた。土橋も、一九三九年に華北交通へ転出し、帰国後は独立したため、鉄道建築での活躍は、ごくわずかな期間にとどまった。

三代目京都駅　所蔵：筆者

6　モダニズムからポストモダンへ

戦前に伊藤らによって蒔かれたモダニズムの種は、戦後の鉄道建築へも着実に継承された。焼失した二代目に代わって完成した三代目京都駅（一九五二）は、古都の駅であることをあえて意識せず、単純明快なインターナショナルスタイルでまとめられ、国鉄建築の見識を示した。この時期、戦災復興で完成した富山駅（一九五三）、金沢駅（一九五四）、福井駅（同）、なども同様のスタイルで登場した。さらに一〇〇フィートの絶対高さ制限を超える計画で設計された東京駅八重洲口（一九五四。駅前広場の整備が遅れたため絶対高さ制限以下で竣功し、後に増築）や、新しい構造であるプレストレストコンクリート（PC）を導入した千駄ケ谷駅（一九五八）、本千葉駅（一九五七）など、国鉄建築は日本の建築界をリードする地位に到達した。伊藤滋が一九五二年に日本建築学会会長に就任したことは、この時代の国鉄建築の力量を象徴するできごとであった。こうした国鉄における建築組織の充実によって、その後の駅のほとんどが国鉄または国鉄系の建築事務所の手によって設計されるようになり、部外の建築家に依頼するケースは、菊竹清訓《きよのり》による久留米駅（一九六八）などの例にとどまった。また、私鉄のターミナルでは、ル・コルビュジエのもとで学んだ坂倉準三による渋谷東急会館（一九五四）、難波南海会館（一九五七）、新宿駅西口広場（一九六七）などの再開発が注目された。このほか、前出の渡辺

リスボン・オリエンテ駅

節の高弟で、戦後のモダニズム建築の旗手となった村野藤吾は、皇紀二六〇〇年祭にあわせて完成した大阪電気軌道（現・近鉄）・橿原神宮前駅（一九三九）をはじめとして、戦後も近鉄グループのかかわる建築をいくつか手がけ、都ホテル・京都（一九六〇）、佐伯勇邸（一九六五）、賢島駅（一九七〇）などが完成した。

一方、モダニズム建築が、インターナショナルスタイルとして文字通り世界的な市民権を獲得すると、その合理的で機能一辺倒のスタイルが批判されるようになり、適度な装飾や古典との折衷的な造形が求められるようになった。一般にポストモダンと呼ばれるこうした動きは、一九七〇年代後半からチャールズ・ジェンクス、ロバート・ヴェンチューリらによって主張されるようになり、鉄道建築でもポール・アンドリューによるフランスのシャルル・ド・ゴール空港駅（一九九四）、アルネ・ヘンリクセンによるノルウェーのサンドヴィカ駅（一九九四）、ノーマン・フォスターによるスペインのビルバオ地下鉄駅（一九九六）などが登場した。また、サンティアゴ・カラトラバは、プレストレストコンクリートや鉄骨などを組み合わせたダイナミックな造形を追求し、フランスのリヨン・サトラス駅（一九九四）、ポルトガルのリスボン・オリエンテ駅（一九九八）などの鉄道駅で注目された。

日本でも、ＪＲ各社の発足を契機に設計コンペを開催するなどして著名な建築家を起用するようになり、その中からいくつかのポストモダン建築が誕生した。こうした例は、特に地方駅に多く見られ、磯崎新による由布院駅（一九九〇）、鈴木エドワードによる赤湯駅（一九九二）、大曲駅（一九九七）、伊藤邦明による磐城塙駅（一九九四）、若林広幸による京阪宇治駅（一九九五）、原広司による四代目京都駅（一九九七）、坂《ばん》茂による田沢湖駅（一九九七）、安藤忠雄によるユニバーサルシティ駅（二〇〇一）、竜王駅（二〇〇八）、内藤廣による高知駅（二〇〇八）などが挙げられ、それぞれの地域を象徴する存在となった。

鉄道とともに進化した駅は、それぞれの時代の建築デザインや建築技術を背負いながら歩んできた。ここで紹介した駅はそのごく一部に過ぎないが、日頃見慣れている駅をもう一度見直し、それがどのような考え方で設計され、どのような特徴があるのかを読み取ることも、鉄道の歴史に対する理解を深めるための重要な視点である。

第3章

都市近郊電車と駅

◎

中島啓雄

1　電車ことはじめ

電気鉄道として世界最初のものは、一八七九年ベルリン博覧会におけるウェルナー・フォン・ジーメンスによる車両と言われている。会場に長さ約五〇〇m、幅五〇㎝の線路を敷き、二二〇〇ワットの小型電気機関車が三人掛けのベンチを背中合わせにした車両三両（計一八人乗り）を連結して最高時速一三㎞で走ったという。一八八一年にはベルリン郊外リヒターフェルデに初めて一般旅客を乗せた路面電車が開通し、一八九〇年にはロンドン地下鉄に電気機関車牽引の列車が登場した。

客車にモーターを装備して一般の鉄道線路上を走る近郊電車の始まりは、一八九五年にドイツ南西部メッケンボイレン～テットナング間四・三㎞のようである。欧米諸国においては近郊列車も機関車牽引（プッシュプル方式が多い）が主流となっていたので、ドイツのベルリン（一九二四年）、ハンブルク（一九四〇）など少数の都市を除いて長編成の電車が都市近郊輸送の主役となるのは一九六〇年代以降である。

ベルリン博電気車レプリカ（ベルリン・ドイツ技術博物館、2008年6月）

わが国における電気鉄道は一八九〇（明治二三）年、上野公園での第三回内国勧業博覧会において東京電燈会社が延長四〇〇m、幅一三七二㎜（当時の馬車鉄道、後の都電の幅）の線路上にアメリカ輸入の路面電車二両を運転したことに始まる。一八九五年には京都電気鉄道が琵琶湖疏水による電力を利用して京都市内に路面電車を開通させたのが営業運転の始まりだが、開業当初は停留所の概念がなく任意の場所で乗降扱いを行っていたという。

2　甲武鉄道はなぜ電車化したか

一九〇四（明治三七）年八月二一日、甲武鉄道が飯田町〜中野間で電車運転を開始した。これは蒸気列車と同一線路上を走る日本初の都市近郊電車である。車両は長さ約一〇m、幅約二・四m、二軸四輪車で直流六〇〇ボルトの架線からトロリーポールで集電し、最高時速四八・三㎞で走行した。外観は路面電車と変わらない車両であったが、運転台から他の動力車も制御できる総括制御装置と直通空気ブレーキを備え、二〜三両編成で運行できる優れものであった。

甲武鉄道は一八八九年、新宿〜八王子間で開業していたが、都心への市街線延長が悲願であり、さまざまな困難を克服して一八九五年に飯田町まで、一九〇四年に御茶ノ水まで複線開業した。飯田町開業時には蒸気列車が約三〇分間隔で運転されていたがガラガラの状態であり、加えて東京市街鉄道の路面電車が競争相手として登場した。こうした事態に対応し、電車による短い編成で五〜一〇分間隔で運転すれば乗客は増え、煤煙、騒音の公害もなくなって沿線の住民や利用客の利益にもなるとして、飯田町〜中野間の電車運転を開始した。運転間隔短縮のため円盤式の自動信号機を採用、中野駅のホーム増設、新宿駅の構内拡張等も行われた。新宿駅には列車ホームとは別に、甲州口と青梅口の二ヵ所に電車ホームが設けられ、距離は短かったが電車は両ホームに停車していた。

一九〇六年に鉄道国有法が成立し、同年一〇月、甲武鉄道は国に買収され、甲武鉄道電車は

新宿駅構内を走るホデ6100形電車（1914年頃）
出典：日本国有鉄道工作局車両設計事務所『100年の国鉄車両3』交友社、1975年

最初の国電となった。一九一二年には買収前に着工された御茶ノ水〜万世橋（一九四三年廃止）間が開通、一九一九年東京駅まで延長される。

3　東京国電の発展、列車線との分離

日露戦争後の東京の人口・輸送量の増加、近郊の住宅地化などによって蒸気列車の三〇分間隔運転といった鉄道への改善要求が高まった。これを受けて一九〇九年に烏森（現・新橋）〜品川〜新宿〜池袋〜上野間と池袋〜赤羽間に一五分間隔の電車運転が開始され、翌一九一〇年には呉服橋仮駅（東京駅北、一九一四廃止）まで延長運転された。

有楽町駅付近に残るレンガアーチ橋、わが国初の高架下駅となった（2009年1月）

輸送力増強に加えて、国際的な威信という観点から中央停車場（東京駅）を建設することとなり、浜松町付近から中央停車場を結ぶ東京市街線が高架化・電化された。市街線は、建設費、保守費が安く国産資材で対応できるレンガ造アーチ橋とし、電車線と長距離用の列車線は分離して四線化し、将来に備えて六線運転を考慮した設計とした。東京駅は一九一四（大正三）年一二月二〇日開業、同時に東京〜（現）横浜間の四線化が完成、東京〜高島町（現横浜駅付近）間で電車運転が開始された（一九一五年、桜木町へ延伸）。これらに伴い、田町、浜松町、有楽町などの電車旅客専用駅が誕生した。

中央線万世橋〜東京間の延長工事は一九一九年に完成し、東海道、中央の二大幹線が東京駅で結ばれて、中野〜東京〜品川〜新宿〜池袋〜上野間の直通運転、いわゆる「の」の字運転が開始された。上野〜東京間の高架線建設はやや遅れて一九二五年に完成し、山手線の環状運転が始まり、京浜線電車は東京～上野間に延長運転された。同年には山手線品川～新宿～田端間の複々線化による客貨分離が完了した。

当初の山手線電車は中央線と同じく直流六〇〇ボルト、二本ポール集電であったが二軸ボギー電車が新製された。一九一六年当時、朝夕は七分半、その他の時間帯は一五分間隔、一～三両編成で運行した。京浜線は当初から電車専用線として建設されたので、車体幅は二・七m（現在は二・九五m）に広がり、パンタグラフ集電一二〇〇ボルトとなり、東京～桜木町間を約四七分で運行、平均時速は三九・四㎞、最高時速は八〇・五㎞で走行し、運転間隔短縮のため自動閉塞式が採用された。

国鉄電車は組織の変遷に応じて、一九〇八年から一九二〇年まで院電（院線電車）、一九四九年まで省線、以降民営化（一九八七）まで国電と呼ばれた（現在はＪＲ電？）。

国電の伸長と併行して一九〇五年に私鉄の郊外電車の始まりとされる阪神電気鉄道三宮～出入橋（梅田付近）間が開業、続いて京浜電気鉄道（一九〇五）、箕面有馬電気鉄道（現・阪急、一九一〇）、京阪電気鉄道（一九一〇）、京成電気軌道（一九一二）、愛知電気鉄道（現・名古屋鉄道）（一九一三）等（多くは軌道扱い）が開業し私鉄電車の発展と、国鉄との競争が始まった。

西宮～芦屋間を走る急行電車モハ52編成（1937年）
出典：日本国有鉄道工作局車両設計事務所『100年の国鉄車両3』交友社、1975年

4　スピード競争

関西方面の国鉄の電車運転は一九三二（昭和七）年一二月、片町線片町～四条畷間に始まり、一九三三年に城東線（現・大阪環状線東側）天王寺～大阪間が開通した。一九三四年、東海道・山陽線吹田～須磨間が電車化され、大阪～神戸間に急行電車（途中三ノ宮のみ停車、一九六一年から快速と改称）が運転され、大阪～三ノ宮間は二四分（現在は新快速二〇分）、表定速度七六・五km／時で結んだ。これに対抗して阪急電車は梅田～三ノ宮間を二五分で運転し、表定速度七七・五km／時に達した。一九三七年には京都～西明石間が電車化された。京都～大阪間の国鉄急行電車は三八分（現在は二九分）で運転し、京阪新

御茶ノ水駅の地下鉄・中央・総武線立体交差（2008年9月）

京阪線（現・阪急京都線）天神橋～京阪京都（現・大宮）間の超特急は三四分運転であった。

阪和電気鉄道（現・JR阪和線）は阪和天王寺～阪和東和歌山（現・和歌山）間を超特急は四五分で結び表定速度八一・六km／時を記録した（一九三三）。この記録は一九五九年に在来線特急こだま号が東京～大阪間を六時間四〇分、表定速度八三・四km／時で結ぶまで破られなかった。

関東地区では一九三〇年東京～横須賀間で電車運転が始まり同区間を六八分で運転、表定速度は五五・一km／時であった。同年に中央線電車は浅川（現・高尾）まで延伸され、一九三二年には赤羽～大宮間線路の客貨分離が完成し、京浜東北線は大宮まで電車化された。一九三三年までに中央線御茶ノ水～中野間が四線化され東京～中野

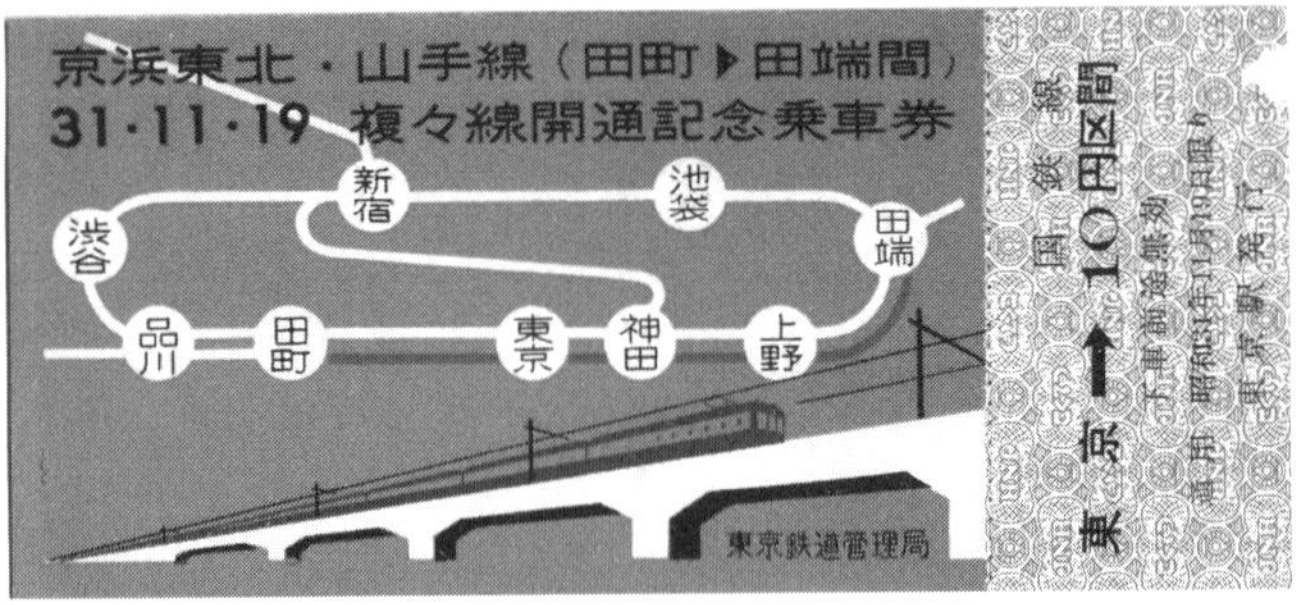

田町〜田端間複々線開通記念切符（1956年）

間、朝夕混雑時に急行（一九六一年から快速と改称）電車が運転された。御茶ノ水では急行電車と中央各駅停車・総武線電車との同一ホーム乗換えを可能とするため急行上り線は中央各停・総武線と二回立体交差を行い、総武線は秋葉原駅三階部分の高架ホーム（地上約一五m）に達する大工事を行い、秋葉原には初めてエスカレーターが設置された。引き続き横浜線、総武線、常磐線など主要線区の電車化が進んだ。

5　戦災復興とラッシュ対策

第二次大戦後、六三形電車の大量投入により一九五〇年ごろまでには戦前並みの輸送力に回復していたが、東京、大阪など大都市の人口増加は著しく、一九六〇年代にかけてラッシュ時の混雑緩和対策に追われた。

一九四七年には中央急行線に婦人子供専用車が登場、一九四八年から新宿駅一・二番線中央急行電車ホームでは上り電車が交互に発着する両面発着が始まり、一九五〇年には二分間隔運転となった。同年、みかん色と緑色のツートンカラーの湘南電車が登場し、東京～沼津間一二六・二kmが電車化され、長距離電車輸送の時代が始まった。一九五六年に、中断されていた田町～田端間の二線増設が完成し、京浜東北線と山手線電車が方向別に分離された。

　関西地区では一九五七年、遅れていた茨木～大阪間の線路増設が完成、京都～兵庫間で列車線と電車線（現・外側線と内側線）が方向別に分離された。

　一九五七年からは三次にわたる長期計画が実施され編成長増大、線路増設、地下鉄との相互乗入れが進んだ。一九五〇年代後半から六〇年代にかけて中央急行線の一〇両化（一九五六）、モハ九〇形（後の一〇一系）新性能電車の投入（一九五九）、中央各停・総武線（一九六四）、常磐線（一九六六）、京浜東北線

新宿駅中央急行線ホーム（1957年10月）

（一九六六）、山手線（一九六八）の一〇両化、東海道・横須賀線一五両化（一九六五）が行われた。

一九六五年から始まった第三次長期計画では「東京五方面作戦」と称し、（一）東北線赤羽〜大宮間線増、貨物線の分離（一九六八）、（二）中央線中野〜三鷹間高架複々線化（一九六九年完成）・地下鉄東西線乗入れ（一九六六）、（三）東海道線東京〜小田原間線増、湘南電車と横須賀線電車（MS）の分離、横須賀線電車の総武線直通運転（一九八〇）、（三）総武線東京〜千葉間線増（一九八一完成）、東京地下駅（深さ二六m）等の開業、快速運転の開始（一九七二）、（五）常磐線綾瀬〜取手間複々線化（一九八二完成）、地下鉄千代田線乗入れ（一九七一）等が行われたが、これらの線路増設は残念ながら線路別の配線（戸塚駅を除く）となり乗換えには不便な構造となった。これに伴い貨物バイパス線として武蔵野線（一九七八年完成）が建設された。一九八五年には東北新幹線建設に関連していわゆる通勤新線・埼京線が開業した。

関西地区では現・大阪環状線の環状運転開始（一九六一）、山陽線鷹取〜西明石間線路別四線化（一九六五）、関西線電車化大阪乗入れ（一九七三）、湖西線建設（一九七五）、福知山線電車化大阪乗入れ（一九八一）等が行われた。

戦災や老朽化により荒廃した駅舎を再建し、併せて商業活動による構内営業収入を獲得するため、池袋西口（一九五〇）、秋葉原（一九五一）、東京八重洲口（一九五四）、天王寺（一九六二）など地元資本等の出資による駅ビル（民衆駅）が生まれ、一九七三年には国鉄の出資による平塚ステーションビルが開業した。また、線路上空に出改札口を設けて駅両側の旅客や通行者の利便を図り、併せて要員合理化にも資する橋上駅舎建設が西川口（一九五四）、西船橋（一九五八）、天王寺（一九六二）などから始まった。

阪神・阪急・山陽電車が乗入れる神戸高速新開地駅
（2008年10月）

私鉄では国鉄より早く京成電鉄（都営に合わせて軌間を変更）と都営地下鉄浅草線との相互乗入れによる直通運転（一九六〇）が始まり、東武伊勢崎線（一九六二）・東急東横線（一九六四）と地下鉄日比谷線、京浜急行と都営浅草線（一九六四）等が続き、東武北千住～竹の塚間が複々線化（一九七四）された。

関西地区では近鉄上本町～布施間の複々線化（一九五六）、阪急十三～梅田間三複線化（一九五九）、京阪天満橋～淀屋橋間延長（一九六三）、神戸高速鉄道

（第三種鉄道事業者、線路を保有するが運行は行わない）への阪神・阪急・山陽電車の相互乗入れ（一九六八）、阪急千里線・京都線と大阪市営地下鉄堺筋線との相互乗入れ（一九六九）、近鉄上本町～難波間延長（一九七〇）等が行われ、名古屋付近では名鉄豊田線と地下鉄鶴舞線との相互乗入れ（一九七九）が行われた。国鉄主要線区の一〇両編成化に続いて、大手私鉄各線の一〇両化も進んだ。

6　現代――快適性・利便性の追求へ

一九九〇年代以降、三大都市圏の人口増加の鈍化とともに鉄道輸送量もほぼ横ばいとなり、都市近郊鉄道のサービスの重点は混雑緩和から安全性と快適性・利便性の追求へと移りつつある。

一九八七年国鉄は民営化され地域別に六つの旅客鉄道会社が誕生した。駅のトイレをきれいにすることから始まり、ＪＲ・名鉄・地下鉄が一体となった金山総合駅（名古屋市）の開設（一九八九）、ホーム長さの余裕を極力活用した山手線一一両化（一九九一）、新幹線のホーム

池袋駅湘南新宿ラインと埼京線電車（2008年7月）

を増設するため京浜・山手線線路の上に中央線ホームを重ねた東京駅のホーム重層化（一九九五）、山手貨物線を活用し新宿経由で東海道・横須賀線と東北・高崎線を結ぶ湘南新宿ラインの開設（二〇〇一）などが行われ、駅ナカ・ビジネスも盛んになった。

私鉄に関しては一九八六年から特定都市鉄道整備方式（整備工事費の一部を事前に運賃に上乗せして積立て、工事完成後取崩して運賃に還元する）による工事として、東武伊勢崎線（一九九七）、西武池袋線（二〇〇一）、小田急小田原線（二〇〇三）、東急東横・田園都市線（一九九七、二〇〇四）の一部を複々線化し、また東武伊勢崎線と地下鉄半蔵門線との相互乗入れ（二〇〇三）等が行われた。

新線開業としては、京葉線（一九九〇完成）、ＪＲ西日本・東西線（一九九七、第二種、線路を保有会社から借入れて運行）、同おおさか東線（二〇〇八、第二種）、東京臨海高速鉄道（二〇〇二完成、ＪＲ埼京線と相互乗入れ）、横浜高速鉄道（二〇〇四、東急東横線と相互乗入れ）、つくばエクスプレス（二〇〇五）、名古屋臨海高速鉄道（二〇〇四）、近鉄けいはんな線（二〇〇六完成、一部第二種、大阪地下鉄中央線と相互乗入れ）、京阪中之島線（二〇〇八、第二種）、阪神難波線（二〇〇九、第二種、近鉄線と相互乗入れ）などがある。空港連絡鉄道としては、一九九一年にＪＲと京成電車が成田空港駅（ターミナルビル地下）まで乗入れ（第二種）、一九九四年にはＪＲ、南海電車が関西空港駅に乗入れ（第二種）、一九九八年には京浜急行が新・羽田空港駅まで延長され、二〇〇五年、名鉄が中部国際空港駅への乗入れ（第二種）を行った。

戦前の一九二九年には既に自動券売機があったが、一九五三年から出札の券売機化が本格化し、単能式手動券売機、電動式、多能つり銭式、ロール紙印刷式と進化した。一方、自動改札装置は一九六六年頃から光学読取り式・磁気式の切符などが導入され、一九八三年磁気式プリペイドカードが埼玉新交通で採用され、「イオカード」（ＪＲ東日本、一九九一）、「スルッと関西」（関西私鉄共通、一九九六）などが普及、ＩＣカードの時代となって「Suica」（ＪＲ東日本、二〇〇一）、「ICOCA」（ＪＲ西日本、二〇〇三）、「PiTaPa」（関西私鉄、二〇〇四）、「Pasmo」（関東私鉄、二〇〇七）などが登場し、二〇〇六年に関西、二〇〇七年に関東でＪＲと私鉄との相互利用、さらには市中での利用も可能となり、切符を買う手間が軽減されるとともに不正乗車防止にも役立つこととなった。

一九九〇年にはいわゆる「バリアフリー法」が制定され、一日五〇〇〇人以上の利用者のある駅へのエレベーター、またはエスカレーターの設置が進んだ。また、都市開発事業と一体的に駅のホームやコンコースを整備する鉄道駅総合改善事業、バスと鉄道など交通機関相互の乗換えを便利にする乗継円滑化事業、ホームドアの設置、自転車駐輪場の整備など、シームレス（継ぎ目なし）で交通弱者にも優しい公共交通の整備が進みつつある。

7　電車駅ア・ラ・カルト

都市近郊電車のための駅は、一般の旅客駅と基本的に変わるところはないが、通勤・通学や買い物などのため利用客を、大量、迅速、安全、快適に輸送するためにさまざまな工夫が積み重ねられている。

世界最大の乗降客・新宿駅：一八八五（明治一八）年、日本鉄道の支線・品川線の一中間駅として内藤新宿の宿場の外れに開業した新宿駅、今や一日平均乗降人員は三四〇万人（JR新宿駅のみでは一五三万人、二〇〇八年度）と世界一の規模となり、JR山手・中央・埼京各線・湘南新宿ライン等、京王・京王新線、小田急、東京地下鉄、都営地下鉄新宿・大江戸線に加えて西武新宿線（JR新宿駅から約三〇〇m北）が集中する。

古くは山手線の複々線化・客貨分離（一九二四）とともに、代々木方と新大久保方に立体交差を設け、山手線と中央線各駅停車との方向別同一ホーム乗換えが可能となった。

中央快速線は中野↓新宿間最混雑時一時間に八万七三〇〇人を輸送する日本一断面輸送量の大きい線区。輸送力を増加させるためには運転間隔短縮、編成長増大、複々線化、代替線建設などがあるが、一九四八年からラッシュ時上り電車が新宿駅一、二番線に交互発着するいわゆる両面発着が始まり、一九五六年から学生アルバイトによる「押し屋」（Pusher として海外にも報道される）が登場、二分間隔一〇両編成化された。

かつて新宿駅の代々木方には貨物駅があり貨車操車場機能も備えていたが、一九八四年廃止され、その跡地を利用してホームを新設し埼京線が乗り入れた（一九八六）。成田エクスプレス（一九九一）、湘南新宿ライン（二〇〇一）の運転開始等に伴ってホームを二面増設するなど大改良工事が行われ、二〇〇七年から中央線特急は中央快速上下線に挟まれた九、一〇番線から発車することとなり、平面交差が解消されて安全性も向上した。

京王線は甲州街道と平面交差していたが、一九六三年に地下化され、小田急線は一九六四年地上地下二層式ホームを設置して、ホーム容量の不足に対処した。両線とも降車専用ホームを設け一部電車については両側ドアを開け、混雑緩和と乗降時間の短縮を図っている。

駅構内への商業施設の建設は、一九六四年の民衆駅・新宿ステーションビルに始まり、京王百貨店、小田急百貨店本館、ルミネ等が続き、一九九六年には貨物跡地にタイムズスクエアビル（高島屋など）が完成、ＪＲ東日本の本社も建設された。旧淀橋浄水場跡地には東京都庁などの高層ビル街が出現し、現在は駅南口に接する甲州街道跨線橋を拡幅し、線路上に人口地盤を造成してバス・タクシー乗場などを設ける交通結節点事業が進行中で、新宿駅周辺は一大商業・ビジネス都市として発展を続けている。

御茶ノ水駅（2009年8月）

単純・簡素に徹した御茶ノ水駅：　現御茶ノ水駅は一九三二年、総武線電車の乗入れとともに改築された。当時の設計者、伊藤滋は機能重視の新建築運動の旗手であり「停車場建築は内部に停滞居住するものではなく、むしろ道路の一部であるというところにその特徴がある。」（交建設計・駅研グループ『駅のはなし』）と述べ、旅客は常に流動するとの理念から待合室のない、コンコースも最小限の単純・簡素なものとし、その後の通勤電車駅設計の基本となった。

　ホームは二面、立体交差により中央快速と中央・総武各駅停車との方向別同一ホーム乗換えができる便利な設計となっている。なお、総武線電車は早朝・深夜、御茶ノ水折り返しとなるが、駅は神田川の掘割の中で折り返し線設置余地がないため、水道橋方での本線折り返しを行っている。

乗換えに便利なＪＲ芦屋駅、阪急淡路駅：　東海道・山陽線草津〜兵庫間の複々線区間は方向別に外側線には原則として新快速・優等旅客・貨物列車が、内側線には快速・普通電車が運転されている。芦屋駅では一、四番線が内側線電車・外側線停車電車共用ホームとなっており、昼

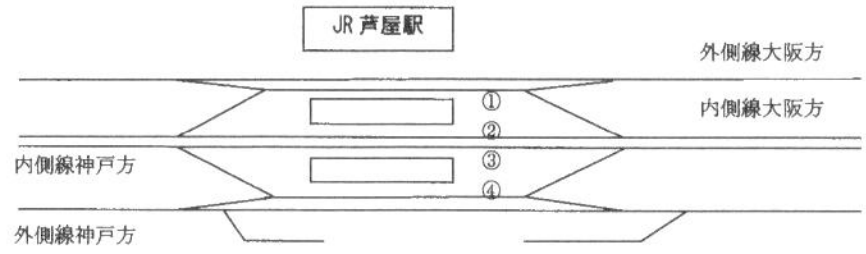

芦屋駅配線略図

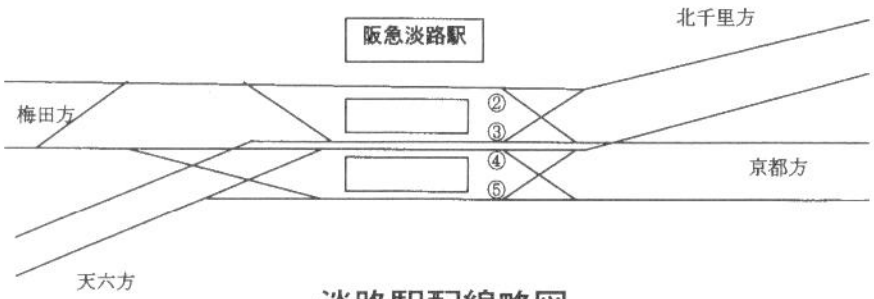

淡路駅配線略図

高槻市行電車と北千里行電車が同時停車する阪急淡路駅（2008年10月）

間時上り京都方面行普通と米原方面行新快速とがほぼ同時進入し、七分三〇秒後には米原方面行快速が松井山手行普通を追い越すというパターンダイヤが組まれ乗換えの便を図っている（下りも同様）。

阪急電車淡路駅では京都線と千里線がX型に平面交差し方向別に同一ホーム乗換えができる。例えば天神橋筋六丁目方から来る電車は昼間時一〇分間隔一本おきに千里線普通北千里行と京都線普通高槻市行となっているが、梅田方から来る普通高槻市行と普通北千里行に同一ホームで交互に接続する。乗客には便利だがダイヤ上、平面交差はネックであり、JRおおさか東線の開業に合わせ高架立体交差化工事中である。

特色ある駅建築・原宿駅、つくばエクスプレス・みらい平駅：　ナウいファッションの若者が集まる山

原宿駅（2009年8月）

みらい平駅（2005年7月）

手線原宿駅。とんがり屋根の駅舎（一九二二）は大正時代の流行の最先端であったハーフティンバー様式、レトロな雰囲気が周囲に溶け込んでいる。

二〇〇五年に開業した「つくばエクスプレス」は当初から都市計画と一体となった建設が行われ、都市の中の駅として駅前広場、道路、住宅等が一体的に整備され特色ある駅舎が建築された。みらい平駅のアーチ状の屋根を支える梁は木材であり、線路は掘割の中にある。

8　世界の近郊電車

世界の都市でわが国の東京（約三四〇〇km）、大阪（一八〇〇km）、名古屋（一一〇〇km）のように

壮麗なパリ北駅とアール・デコ調の地下鉄入口（2008年6月）

パリRER・C線の2階建電車（Choisy le Roi駅、2007年10月）

延長一〇〇〇㎞以上の近郊電車路線網を持つ都市はパリ、ロンドン、ニューヨーク、シドニーに限られる（地下鉄、近郊電車、都市間鉄道の路線区分は明確ではないが）。

パリ： 従来の鉄道は市周辺のターミナル駅から発車し、都心部とは地下鉄で結ばれていたが、都市の発展とともに市中心部と郊外とを快速電車で結び、乗換えの不便と地下鉄の混雑を緩和することが構想された。一九六九年、市東西を結ぶ地域急行（RER：Réseau Express Régional）A線の一部が開業、その後四路線が建設され延長五八七㎞に達している。一九七七年には都心の旧卸売市場を再開発した地下にシャトレ・レアール駅が誕生、RER三線と地下鉄四路線が交差する大ターミナルとなった。在来のターミナル駅を起点とする郊外電車、またはプッシュプル列車も健在でトランジリアン（Transilien）の愛称名で運行されており、RERと合わせて路線延長は約一六〇〇㎞に達する。

ロンドン： ロンドン近郊路線（London Connections）の路線延長は約三六〇〇㎞に達する（外縁部、機関車牽引、非電化を含む）。英国国鉄の民営化後、ナショナルレールの商標名の下に一〇の列車運行会社が市内一四カ所のターミナル駅から運行している。英国最大の駅はテムズ川右岸（南側）に位置するウォータールー駅、一日平均乗降人員五一万三〇〇〇人（二〇〇七・八年、

ロンドン・チャリング・クロス駅のサウスイースタン電車（2008年6月）

地下鉄を含む）、ガラス屋根に覆われた二一本のホームを有し、サウスウェスト会社線の列車が昼間時一時間に四二本発車する。二〇〇七年一一月まで海峡線ユーロスターのターミナルであったが、セント・パンクラス駅に移り、今やローカル列車のみの駅となった。

都心部を唯一南北に貫通するテムズリンク路線の増強工事を実施中で、二〇一五年までには現行八両を一二両編成化、一時間二四本運転とする予定で、テムズ川に架かるブラックフライアーズ駅は川の両岸から乗降できるようになる。東西を貫通する路線も建設中である。このほかヒースロー空港を結ぶ二路線、ガトウィック空港を結ぶ一路線がある。

ニューヨーク：　ニューヨーク都市圏は約一六〇〇㎞の近郊鉄道網（機関車牽引、非電化を含む）を有する。マンハッタン中心部のペンシルヴェニア（地下）駅から東に向かうロングアイランド鉄道は延長九五五㎞、グランドセントラル・ターミナルから北に延びるメトロノース鉄道は延長六一八㎞（両者とも都市圏運輸公社〔MTA〕傘下）、このほかニュージャージー・トランジット、PATH（NY.NJ 港湾局鉄道）がある。

以前のターミナル駅は薄暗く治安も悪かったが、一九九四年以降グランドセントラル・ターミナルは大改良を行い星座模様の大天井、ショップ、レストランを備え、地下二層に四四本のホームを有するターミナルに生まれ変わった。ペンシルヴェニア駅も大規模再開発を計画中である。

シドニー：　シドニー都市圏には一一路線二〇六〇㎞におよぶ郊外鉄道網があり、ニューサウスウェールズ州交通局・シティレールが運営している。市中心部は半径五〇〇ｍほどの環状路線を成しており、ほとんど歩かずに主な目的地に到達できる。二階建て八両編成の堂々たる電車が走る。

ドイツのSバーン：　旧ドイツ国鉄の都市近郊路線をSバーン（Stadtschnellbahn）と称し、一三都市圏で路線延長は約三〇〇〇㎞、各都市の地下鉄（Uバーン）、路面電車、バスと一体となって運輸連合を形成し、共通運賃、接続ダイヤなどを組んで市民の足となっている。ミュンヘン、フランクフルト、シュトゥットガルトでは都心部を貫通する地下ルートが建設され、カールスルーエでは路面電車がSバーンに乗り入れている（Tramtrain）。

第4章

貨物輸送と駅

◎

中島啓雄

1　貨物輸送ことはじめ

一年遅れの貨物営業：　わが国の鉄道の貨物営業は旅客に遅れること一年弱の一八七三（明治六）年九月一五日、新橋（汐留）～横浜（桜木町）間で開始された。

列車は一一時と一三時（不定期）、旅客列車の昼休み中に新橋、横浜両駅を発車した。両駅間の運転時分は五四分、一列車に有蓋車七両、無蓋車八両、計一五両連結であった。初年度の輸送量は一日平均二二トンにとどまった。これは、輸送距離がわずか二九㎞であったこと、従来の輸送機関である舟運等に比較して運賃が割高であったことなどが挙げられている。

貨物設備：　当初の貨物扱いは新橋、横浜のみ、その後、中間の各駅に拡大された。貨物扱いの設備として、上屋のある貨物積卸場、貨物保管庫、荒荷扱いの土場、貨車留置用側線などが設けられたようである。市中からの貨物は飛脚、荷車、荷馬車あるいは舟運によって運びこまれた。

一八七四（明治七）年一一月、旅客営業に七ヵ月遅れて大阪～神戸間での貨物営業が開始され

新橋ステーション蒸気車鉄道図　品川区立品川歴史館所蔵

た。東海道線新橋〜神戸間の全通は一八八九年であるが、当初は新橋〜神戸間の直通貨物列車は運転されず、遠距離貨物は静岡、浜松、馬場（現・膳所）の各駅で中継して輸送され約五〇時間を要していた。

通運業ことはじめ：　旅客は自ら駅まで来てくれるが、貨物は自分で動いてはくれない。鉄道側は発駅から着駅までの鉄道上の運送を行うだけで、貨物の駅への持込み、貨車への積卸し、引取り（集荷・配達）は原則として荷主側が行うこととされている。

これら貨物の取次、集荷・配達等の業務（いわゆる通運業）に最初に名乗りをあげたのが三井組であった。次いで、江戸時代からの伝馬、飛脚を引き継いだ「陸運元会社」が設立され、その後、幾多の変遷を経て日本通運株式会社（一九三七設立）と地方の通運事業者（新免店）が担うこととなる。

2　鉄道は貨物から？

ストックトン・ダーリントン鉄道：　世界初の公共輸送機関としての鉄道とされるのはストックトン・ダーリントン鉄道（英国イングランド北東部）である。一八二五年九月二七日、開業式当日運転された列車は機関車（ロコモーション号）＋炭水車、石炭積み貨車五両、小麦積み貨車一両、無蓋客車一両、有蓋大型客車一両、無蓋客車二〇両、石炭積み貨車六両、計三四両と言われている。同鉄道の主目的は、ダーリントン周辺の炭鉱からティーズ河口の港町ストックトンへ石炭を運ぶことであり、鉄道開通によりストックトンの炭価は二分の一以下になった。

殖産興業と北海道鉄道：　新橋〜横浜間、大阪〜神戸間などの開業に併行して、岩手県釜石地方の鉄鉱石を輸送する目的で釜石鉄道（一八八〇）が、北海道幌内地方の石炭を輸送する目的で幌内鉄道（一八八〇）が開業した。

本州の官鉄がイギリス（九州はドイツ）からの技術導入によって建設されたのに対し、幌内鉄道の建設はアメリカ技師の指導によって行われ、いろいろな違いが生じた。本州の機関車はタンク機関車、北海道はテンダ機関車（炭水車付き）、本州の貨車が二軸車（車体に軸ばねを直付け）であったのに対し、北海道の石炭車は二軸ボギー車（車体から独立して水平に回転する台車）と一歩進んだ車両が使われた。

3　貨物専用駅・貨物ルート・操車場の誕生

客貨分離と操車場：　鉄道国有化（一九〇六、明治三九）、第一次世界大戦などを経て、一九二〇年度末には鉄道営業キロは一万㎞を超え、鉄道輸送トン数は約六〇〇〇万トンと明治初年の一〇〇倍、旅客輸送人員も一〇〇倍に達した。

こうした輸送需要の増加に応えるため、一八九〇年には上野駅から貨物を分離して秋葉原駅が、一八九六年には艀《はしけ》との連絡設備を設けた隅田川駅（東京都荒川区）が開業、一九一四年には東京駅（旅客）が開業し、新橋駅は汐留駅と改称され貨物専用駅となった。

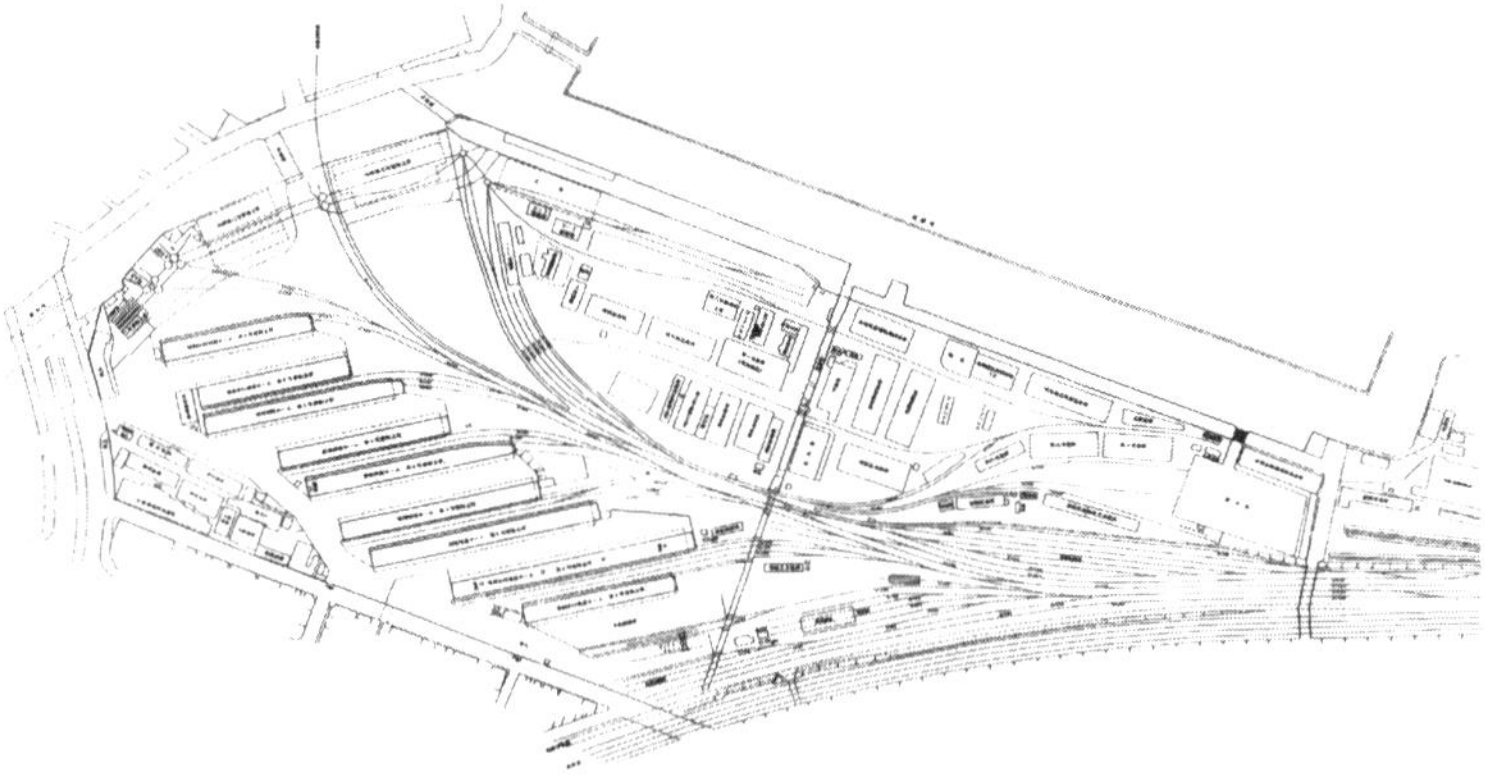

汐留駅平面図（1936年）　出典：『貨物鉄道百三十年史』

貨車の仕訳・組成を専門に行う貨車操車場も新設された。一九一三年には京都駅から貨物を分離して操車場機能と貨物駅機能を併せ持った梅小路駅が開業、関東地区では田端駅にハンプ（小さな丘、ここから貨車を流転させる）機能を持った操車場が開設された（一九一五）。

貨物専用ルート：　客貨の輸送量の増大とともに列車線と電車線の分離、旅客線と貨物線の分離が進んだ。一九一五年、東海道線の直通ルート上に現横浜駅が開設され、旧横浜駅は電車専用の桜木町駅と貨物専用の東横浜駅に分離され、鶴見から高島を通って東横浜を結ぶ貨物ルートが建設された。一九二五年には品川〜池袋〜田端間が四線化され山手貨物線が完成した。関西では大阪駅を通過せず、東淀川付近から尼崎に短絡する北方貨物線が建設された（一九一八、単線）。

梅小路駅・コンテナホームの両側各一線は架線下着発線荷役線（2008年10月）

海陸連絡設備・臨港線：　港湾貨物を輸送するための貨物支線として、敦賀〜敦賀港間に臨港線が建設（一八八二）され、その後、神戸、名古屋、横浜など各港に広がった。

小樽、室蘭における鉄道から船舶への石炭積込みには、水上高架桟橋が建設（一九一二）され、九州の若松、戸畑では水圧ホイスト（巻揚げ機）、水圧クレーンなどを用いて貨車を吊り上げ石炭を直接船舶に流し込む方式がとられた（一八九八年頃から）。

貨車航送：　本州と北海道、四国、九州との連絡は、海底トンネル等ができるまでは船舶に頼らざるを得なかった。一九一一年に下関〜小森江（現門司付近）間で、艀《はしけ》一艘に三両の貨車を積み小型汽船で曳航したのが貨車航送の始まりである。一九一九年には自航貨車航送船が就航、船内には七トン積み貨車七両を積載できる線路が敷かれていた。青森〜函館間は貨車から連絡船への積換え、艀《はしけ》による事業用車両の航送の時代を経て、一九二四年、

青函連絡船大雪丸への積込み（1960年頃）

八九五人の旅客と一五トン積み貨車二五両を積載可能な客載貨車渡船「翔鳳丸」が就航した。宇野（岡山県）～高松間では一九三四年に貨車渡船「第一・第二宇高丸」が就航した。

軌間はなぜ一〇六七㎜？：　国鉄の軌間（二本のレールの内側間の幅）は一〇六七㎜（三フィート六インチ）とされたが、なぜ欧米並みの標準軌一四三五㎜としなかったのだろうか。「建設費が安いから」「山岳地形で勾配、カーブの多い日本の路線に適する」などの説があるが、決定的な理由は明らかではない。当時の政府当局者は「ゲージとは何だ」というような有様で、軌間についての知識がなく、イギリス側の提案をそのまま採用したらしい（升田嘉夫『鉄路のデザイン』批評社、一九九七年）。わが国の軌間は南アフリカの鉄道に因んで英語でケープゲージと呼ばれ、いわば植民地規格である。

軌間は広いほうが大量貨物の輸送に適する。一列車当りの輸送力は、機関車の牽引力、線路の勾配、着発線等の有効長、建築限界、線路の耐荷重（≒車両の許容軸重）等によって決まるが、わが国の在来幹線における許容軸重は一五～一八トン、ヨーロッパの幹線では二〇～二五トンである。そこで、四軸ボギー車一両当たりの積載荷重は、日本のコンテナ車四〇・七トン、ヨーロッパのコンテナ車六八トン、日本の石油タンク車四五トン、ヨーロッパ七〇トンなどとなり、わが国の貨車の積載容量はヨーロッパの貨車の六割程度にとどまる。広軌改築論もあったが、わが国の鉄道貨物輸送は世界の標準的規格からとり残され効率の悪いまま今日に至っている。

4　戦時輸送から戦後の高度成長経済へ

貨物駅の新設・改良：第二次大戦時の一九四三（昭和一八）年度には貨物輸送量一億七八〇〇万トンを記録したが、一九四五（昭和二〇）年度には八五〇〇万トンと半減、戦後、一九六四（昭和三九）年度には過去最高の二億七〇〇〇万トンを記録した。その間、梅田駅の新設（一九二八）、秋葉原貨物駅の高架化（一九三二）、笹島駅の新設（名古屋市、一九三七）など大都市

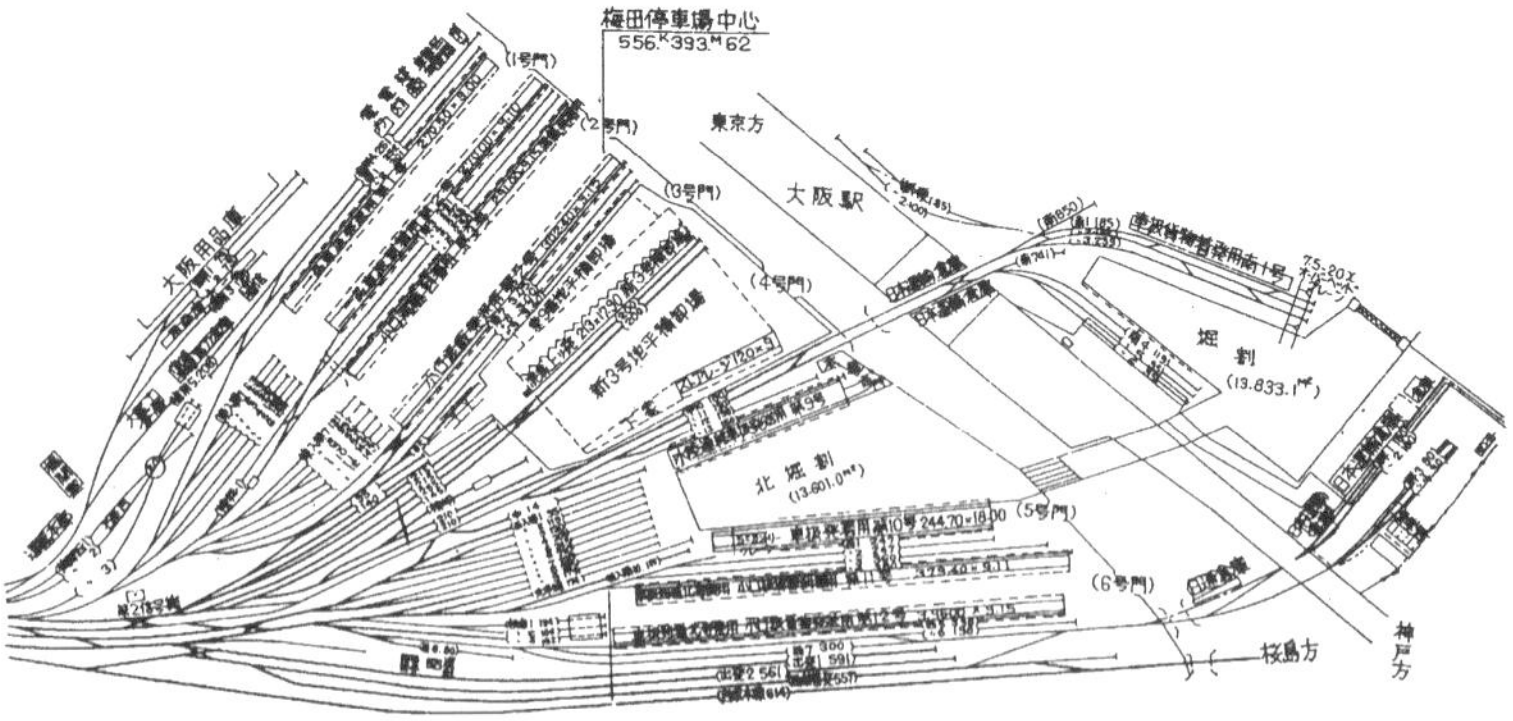

梅田駅平面図（1960 年） 出典：『貨物鉄道百三十年史』

の貨物駅が整備された。また秋葉原、梅田、笹島駅の高架下等を利用して倉庫営業が行われた。

一九六〇年頃になると高床ホームでの手荷役に依存していた米、雑貨などの積卸しは、パレット積み貨物のフォークリフトによる荷役（ユニットロードシステム）が普及したため、高床ホームの必要性が薄れた。さらにコンテナ輸送の本格開始（一九五九）に伴って列車単位でコンテナを扱える長大ホームが必要となるなど、貨物駅の設備要件が変化してきた。こうした時代に対応し、東静岡（一九六七）、新札幌（現・札幌貨物タ、一九六八）、東広島（現・広島貨物タ、一九六九）駅等が新設された。

集結輸送と操車場：一九二一年ごろから、同一方面行きの貨車を一列車に集約して長距離を輸送する「貨車集結輸送方式」が導入され、大量の貨車を集約して分解・組成する大操車場の整備が必要となり、吹田（一九二三）、大宮（一九二五）、稲沢（一九二五）、鳥栖（一九二七）、新鶴見（一九二九）などの操車場が誕生した。

勾配改良：貨物列車は勾配が苦手である。D51形機関車の場合、一〇〇〇分の一〇の勾配における牽引定数（機関車が牽引できる車両の総重量）は一〇〇〇トンだが、一〇〇〇分の二五になると牽引定数は三五〇トンに落ちてしまう。建設当初の東海道線には一〇〇〇分の二五の勾配が三カ所あった。新逢坂山、東山両トンネル（一九二一）、丹那トンネル（一九三四）の開通、垂井～関ケ原間の迂回ルートの完成（一九四四）により東海道のネックは解消されたが、多くの路線には未だ急勾配区間が存在している。

複線化・貨物ルート・牽引トン数増：列車回数増に最も有効なのは複線化である。東海道本線は一九一三年に全線複線化されたが、山陽本線は一九四四年、東北本線は遅れて一九六八年となった。単線区間では行違い箇所増設のため信号場が設置された。

貨物専用ルートとしては東海道線鶴見～平塚間（一九二八）の四～六線化、品川～新鶴見～鶴見間の俗称品鶴線（一九二九）、大阪の城東貨物線（一九三一）が完成し、一九四二年には関門トンネルが開通して九州〜本州間の貨物輸送に大きな効果をもたらした。

北海道の石炭輸送では追分〜室蘭間の一〇〇〇分の五の下り勾配でD51機関車牽引による石炭車六二両編成、二八〇〇トン牽引（一九五二）が行われた。

5　合理化・近代化

貨物駅集約・貨物バイパス：　一九六五年頃になると、石炭から石油へのエネルギー転換、道路整備とトラックの大型化、環境変化に対する鉄道側の不適応などによって鉄道貨物輸送量は急速に減少し、鉄道貨物の合理化・近代化が急務となった。一九五七年度には三八四六あった貨物取扱駅は集約を進め、民営化時の一九八七年度首には三六八駅となった。
一九六五年から始まった第三次長期計画における通勤輸送改善の一環として、東海道線と横須賀線電車の分離が計画され、貨物バイパス線として武蔵野線（一九七八年全通）等が建設された。これに伴い山手線上の貨物駅などは廃止され、相模貨物（一九七一）、東京貨物ターミナル（一九七三、汐留の代替）、新座タ（一九七三）、越谷タ（一九七三）、梶ケ谷タ（一九七六）、横浜

東京貨物ターミナル（2010年2月）

羽沢（一九七九）等の各貨物駅および武蔵野操車場（一九七四）が開設された。中京圏では笹島に代って名古屋貨物ターミナル（一九八〇）が建設され、関西圏では大阪貨物ターミナル（一九八二）が開業した。

操車場の自動化と廃止：　多くの人員と時間を要する操車場の機能をコンピューターを利用して自動化したシステムが郡山（一九六八）、高崎、塩浜（現・川崎貨物）などの操車場に導入された。しかしながら、一九八四年から実施された集結輸送の廃止、直行輸送体系への転換により、一九八六年に全ての貨車操車場は廃止された。

専用線：　駅から顧客の工場・倉庫内などに引き込んで貨物の積卸しをする線路を専用線と称する。一九六〇年代には積極的な誘致を図り、専用線発着貨物は全貨物の五〇％以上を占めるに至ったが、その後の貨物駅集約とともに縮小傾向をたどった。

臨海鉄道：　一九六〇年代に造成された臨海工業地帯からの輸送手段として国鉄・地方公共団体・進出企業の共同出資による臨海鉄道会社が設立された。一九六三年、京葉臨海鉄道株式会社が営業を開始し、続いて神奈川、名古屋、鹿島、水島などの臨海鉄道が誕生した。現在は一〇社が営業しており年間発着トン数は約七七〇〇万トンで、わが国貨物輸送量の一五％を占める。

物資別ターミナル：　ガソリン輸送の場合、石油会社ごとに設置された多数の油槽所を集約すれば効率的な輸送ができる。このため日本オイルターミナル株式会社（一九六六設立）が倉賀野（群馬県）、西上田、札幌等に「着共同中継基地」を建設し、基地向けに石油専用列車が運転された。同様な物資別輸送基地会社として関西化成品輸送、東京液体化成品センター、セメントターミナル、飯田町紙流通センターなどがある。

6　貨物駅を分類すると

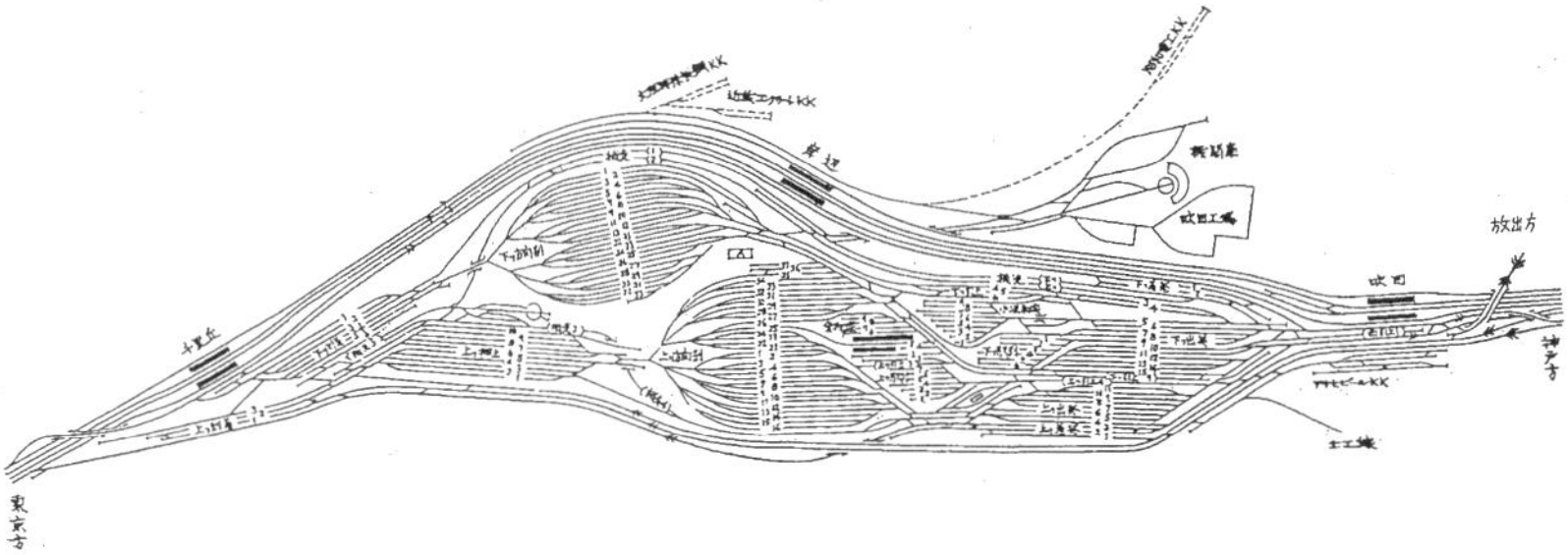

吹田操車場配線図（1965 年頃）　出典：『貨物鉄道百三十年史』

鉄道駅は営業内容によって旅客駅、貨物駅、一般駅（旅客・貨物ともに扱う）に分類されるが、広義の駅としては、操車場、信号場がある。また貨物取扱駅の営業上の分類としてはコンテナ（コンテナ一個単位で運送を受託する）のみ、車扱い（貨車一車単位で運送を受託する）のみ、コンテナ・車扱とも扱う駅、線路はないが営業扱いをするオフレールステーションがあり、線別の分類として駅頭扱い、専用線扱い、一般取扱駅、臨時取扱駅がある。

貨車操車場（shunting yard, ヤード）：　最盛時、国鉄の貨物取扱駅は三八四六あった。これら多数の発駅から多数の着駅へ向かう貨車の組み合わせは一四〇〇万通り強。ばらばらの発駅からの貨車を集めて、同一方面行きの列車に組み換えて効率的に輸送するのが貨車操車場（ヤード）の役割。ヤードからヤードへと一群の貨車を順送りする方式を集結輸送方式と称した。

かつて日本最大であった吹田操車場（大阪府）は長さ約四㎞、構内線路総延長は一四四㎞に達し、一日六五〇〇両の貨車を扱った。新鶴見（東京都）・稲沢（愛知県）操車場方面から来た下り貨物列車は本線を立体交差（図左端）して吹田操車場下り到着線（千里丘駅右下）に到着、牽引機関車を切り離し、後部に入換機関車を連結、推進運転で貨車群をハンプ（hump.小さな丘、下り方向別線手前の立体交差部）に押し上げる。ハンプの頂上で行先別に貨車を切り離し、一両（または二、三両からなる組）ごとに連結手（構内係）が乗り込む。ハンプから流転する貨車は方向別仕分線群（図中央上部）の入口の線路に設けられたカーリターダーでおおまかに速度調整され、個々の仕分線内では添乗してきた連結手が貨車に設けられた足踏みブレーキを使ってさらに速度を微調整して線内に停止している他の貨車と連結する。ひとつの仕分線に一列車を構成するだけの貨車（四〇両程度）が溜まると貨車列は入換機関車によって出発線群（右中央）に据え付けられ、牽引機関車が連結されて所定の時刻がくると出発である。次の行先は岡山操車場、門司操車場などとなる。大阪周辺行き貨車はさらに駅別に仕分け（出発線群の左）られたり、上り側に転送されたりする（上り列車も同様）。

一九六〇年代、操車場機能を持った貨車操車場、貨物駅は二〇〇カ所以上あったがハンプのある大操車場は一一ヵ所であり、他は平面ヤードであった。吹田のように一〇〇〇人以上の要員を要し、一三両の入換機関車を配置し、貨車の滞留時間の長いヤード集結輸送方式は、到着日時が不明確でコストも膨大であり、貨物輸送赤字の主因とされ、一九八四年以降、貨車操車場は廃止され、コンテナ、物資別の直行輸送体系へ全面転換された。

吹田信号場（2008年10月）

信号場：単線区間で列車の行違い（交換）を行うが営業扱いを行わない箇所、営業駅から離れた本線と支線との分岐箇所などに設けられてポイントや信号を操作するのが信号場であるが、廃止された貨車操車場が信号場となった例もある（新鶴見、吹田）。吹田信号場からは梅田方面、城東貨物線、大阪貨物ターミナルへ分岐するほか、機関車付換えなどを行う。ＣＴＣ（列車集中制御装置）など遠隔制御技術の進歩により独立した信号場は少なくなっている。

コンテナ・車扱い駅：札幌貨物ターミナルは一日平均発着トン

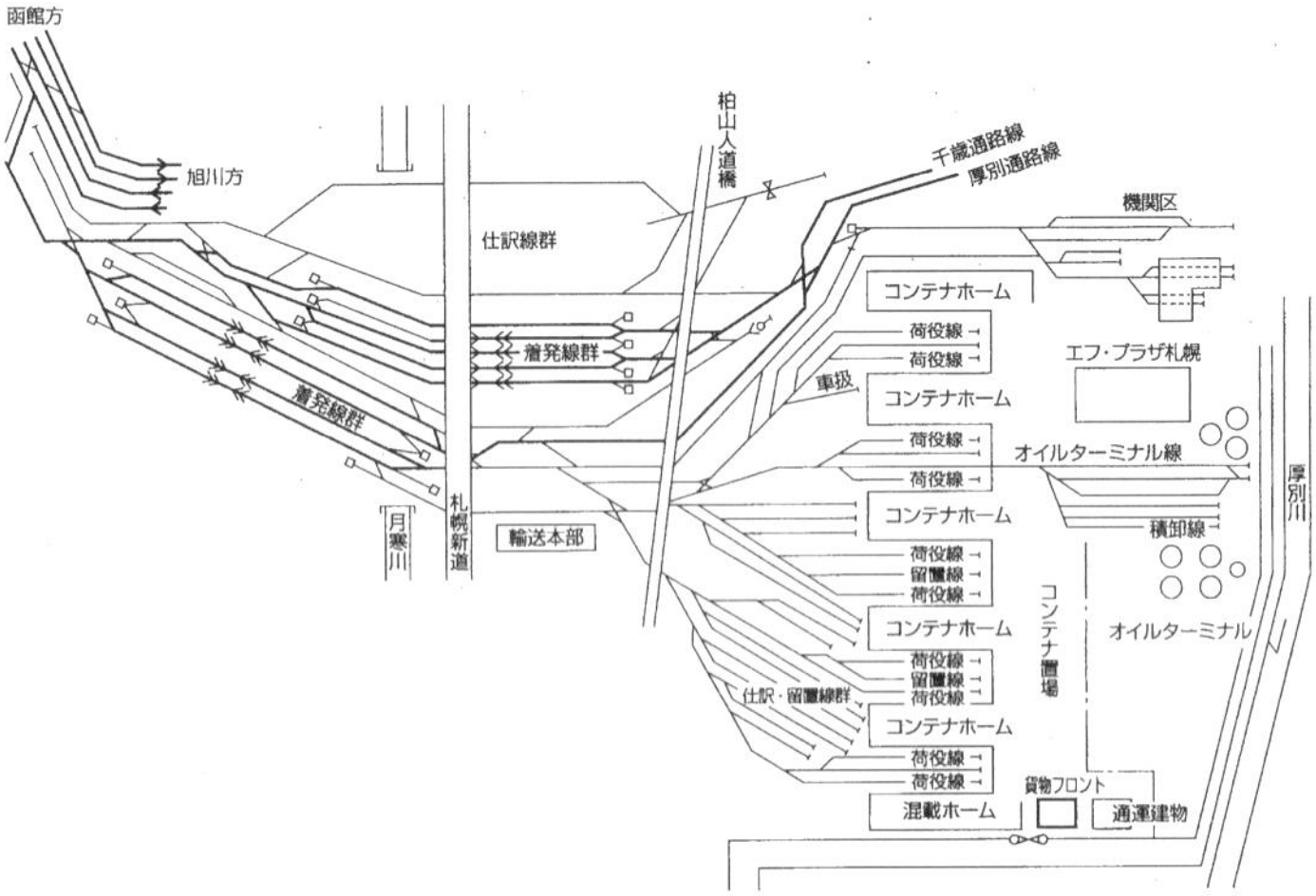

札幌貨物ターミナル駅配線図　出典：鉄道貨物協会『2009 ＪＲ貨物時刻表』

数九〇七一トン（二〇〇八年度）、日本一の取扱量を誇るコンテナ・車扱い共通扱い駅である。一九六八年、札幌周辺の桑園、苗穂、東札幌三駅の貨物扱いを集約して新設された。札幌市の東部、流通団地に接し、函館本線と千歳線の分岐点に位置する好立地。長さ約四〇〇m、幅約四〇mのコンテナ荷役ホームが五面九線、日本オイルターミナル株式会社の石油基地、大型物流施設エフ・プラザ札幌、各通運会社の事務所、機関区などが配置されており、総面積五六万㎡（東京ドーム一二個分）という広大なもの。札幌ターミナル発着の本州方面への高速コンテナ列車は宮城野（仙台市）、隅田川、東京タ、越谷タ（埼玉県）、梶ケ谷タ

(川崎市)、名古屋タ、大阪タ、広島タ、福岡タと多方面に設定されている。石油専用列車は本輪西(室蘭市)の製油所から到着し、札幌周辺にトラックで配送される。

車扱い駅：　車扱い発着トン数トップは根岸駅(横浜市)、駅の帰属はJR東日本で旅客の乗降は一日平均四万二〇〇〇人、貨物は新日本石油精製根岸製油所からのガソリンを主とした石油類の発送で一日平均六七三〇トン(二〇〇八年度)。貨物駅としては着発線二本と製油所専用線との授受線四本などにすぎないが、専用線内には製油所内のパイプラインから二二両のタンク車に石油を積込むことのできる積込線二本、タンク貨車の留置線一四本など大規模な線路網が広がる。根岸駅からは桜木町、高島貨物線を経由して南松本(長野県)、竜王(山梨県)、坂城(長野県)、倉賀野(群馬県)、宇都宮タなど各方面に片道一四本の石油専用列車が設定されており、その一部は

根岸駅発車待ちの石油専用列車（2009年4月）

時速九五㎞の高速列車である。なお、根岸駅から分岐して神奈川臨海鉄道本牧線が横浜港の本牧埠頭まで延びており、海上コンテナなどを輸送する。

臨時取扱駅：　ＪＲ貨物の取扱駅は二六一駅（二〇〇八年一一月）だが、常時貨物を取扱う駅は一四三駅、残りの一一八駅は臨時取扱駅である。例えば高崎線吹上駅は駅の上り線側に一本の貨物引込線（兼線路保守用車の留置線）のあるかつての典型的な小貨物駅で、臨時に砂利などが運ばれてくる。横須賀線逗子駅は新製された鉄道車両を東急車両の工場から鉄道会社の車両基地まで貨物列車として発送する臨時駅となっている。

吹上駅（2008年8月）

オフレールステーション：　貨物駅から離れた地域に位置する荷主の便を図るため、線路から離れた箇所に設置されたコンテナ積卸基地。矢板、羽生、和歌山など三六カ所あり、トラック便が定期的に最寄りのコンテナ取扱駅とを結んでいる。

7　民営JR貨物へ

直行輸送体系への特化：　国鉄の民営・分割化（一九八七、昭和六二）に伴い、貨物部門はコンテナと物資別の直行輸送体系に特化し、貨物駅三六八駅、要員一万二〇〇五人、旅客会社の線路を回避可能経費（貨物列車が走ることによって追加的に発生する経費）のみを支払って借りるというスリムな仕組みで日本貨物鉄道株式会社が発足した。

新しい機関車・貨車・コンテナの開発、コンテナ列車の一三〇〇トン（二六両編成）牽引、着発線

梶ヶ谷貨物ターミナルとエフ・プラザ（2003年10月）

荷役方式の拡大、東京〜大阪（安治川口）間を六時間一二分で結ぶコンテナ特急電車の運転、日中・日韓国際複合一貫物流への取組み、新しい情報システムの導入などによって、地球環境に優しく効率的な鉄道貨物輸送の発展を目指している。

着発線荷役方式：一九八六年岐阜貨物ターミナル、新南陽（山口県）両駅でコンテナ列車の着発線荷役（E&S方式）が開始された。従来、途中駅における貨物列車へのコンテナの積卸しは、自駅で荷役が必要な貨車を列車から切り離して荷役線に入れ、コンテナを積卸した後、再び列車に連結するという方式で時間も手間もかかっていた。これを着発線（電化区間では架線下）で直接コンテナの積卸しをする方式に効率化したもの。現在、着発線荷役駅は二七駅に広がっている。また長さ一二フィートのJR標準コンテナのほか二〇〜四〇フィートの海上コンテナ等も扱えるよう五六駅にトップリフター、またはリーチスタッカーが配置されている。

ターミナル・ルネサンス：貨物駅を多角的に利用し、鉄道貨物誘致にも役立たせる目的で「ターミナル・ルネサンス」の名のもとに関連事業を積極的に展開した。大型複合物流施設として一九九一年「エフ・プラザ梶ケ谷」（川崎市）が竣工、その後、札幌ターミナル、東京ターミナル、隅田川、梅小路各駅に大型施設が建設されている。このほか、旧飯田町駅におけるJ

ダブルスタック列車（2006年5月）

R貨物本社ビルを含む開発、住宅、ホテルなどの事業を行っている。

8　民鉄の貨物輸送

ＪＲ貨物を除くいわゆる民営鉄道の貨物の五二％はＪＲ貨物に接続する臨海鉄道貨物であり、これらを除く純民鉄の貨物は七五〇万トン／年にすぎない。純民鉄の貨物輸送量トップは秩父鉄道（二七〇万トン）、次いで岩手開発鉄道（二一〇万トン）、三岐鉄道（一〇〇万トン）などとなっており、石灰石、セメント主体の輸送を行っている。大手私鉄の東武鉄道、西武鉄道なども貨物輸送を行っていたが一九九〇年以降廃止された。

9　世界の貨物輸送

ＵＳＡ：　アメリカ合衆国の鉄道貨物路線は二二万六〇〇〇㎞に達する。年間輸送量は二三億トン、トンキロベースでは三兆トンキロとなり、わが国の鉄道の一三〇倍を輸送する。コンテナを二段積みしたダブルスタックトレイン、八〇～一〇〇両編成の石炭、小麦、自動車専用列車など長さ三㎞（一万フィート）に達するものもあり、一列車平均の輸送トン数は三二七四トン、ＪＲ貨物列車（平均三二三トン）の一〇倍の量を一気に運ぶ。

一九九〇年代の合併・統合によりアメリカ大手の鉄道はユニオン・パシフィック鉄道（ＵＰ）、ＢＮＳＦ鉄道など七社となり、カナダ、メキシコの鉄道とも相互乗入れ、資本提携を行っている。最大手のＵＰは四万三〇〇〇㎞の路線網、一二カ所の大操車場、四カ所のインターモーダルターミナルを有し、世界最大と言われるベイリー操車場（ネブラスカ州）は面積一一・五㎢（千代田区の面積）、長さ一三㎞、幅三・二㎞、線路延長五〇七㎞という巨大なもので、一日三〇〇〇両を取扱う。

ドイツ・フランクフルト東コンテナ駅（2004年9月）

ＥＵ：　ＥＵ二五カ国の鉄道路線延長は約二一万km、年間一〇億トン、四〇〇〇億トンキロ、トンキロベースでわが国鉄道の一七倍を輸送する。一列車平均の輸送トン数は約四八〇トン、アメリカにはおよばないが、ＪＲ貨物列車の一・五倍を輸送する。環境への影響が少なく効率的な鉄道貨物輸送力を強化するため、ヨーロッパ横断貨物鉄道ネットワークの整備、信号・運行管理システムの統一（ERTMS）、国境手続きの簡素化などを進めている。二〇〇七年に貨物鉄道輸送への参入が自由化され、ＥＵの重点プロジェクトのひとつ、ロッテルダム港～ドイツ国境間一六〇㎞の貨物専用ルート（Betuwe Route）が完成した。英仏間を結ぶユーロトンネルでは貨物トラック三四〇〇台／日、乗用車五二〇〇台／日（二〇〇八年）を輸送するシャトル便と、英仏の三社による貨物列車七・四本／日などが運転されている。

ヨーロッパ最大の貨物鉄道はドイツ鉄道傘下の〝DBシェンカーレール〟でドイツ国内に加えてオランダ、デンマーク、イタリア、スイスの鉄道貨物部門を傘下に収め、英国の貨物鉄道イングリッシュ・ウェルシュ・スコティッシュ鉄道（EWS）を買収、約四二〇〇ヵ所の荷主専用線・側線、約五〇ヵ所の操車場を有し、年間九九〇億トンキロ（わが国の四倍）を輸送している。

ロシア：　ロシア鉄道の路線網は八万四〇〇〇㎞で、輸送量はわが国の九〇倍に達する。シベリア経由でヨーロッパと中国・極東を結ぶ東西軸、ドイツ・フィンランドからトルコ・イランへいたる南北軸の国際輸送のスピードアップとコストダウンに取組んでいる。

中国：　中国鉄道の路線網は六万四〇〇〇㎞で、輸送量はわが国の九五倍。鉄道網の拡充と旅客の高速化に力を入れており、二〇二〇年までに路線網を一二万㎞に拡大する計画である。

インド：　インドの路線網は六万三〇〇〇㎞で、輸送量はわが国の二一倍になる。デリー北部と東海岸を結ぶ貨物専用路線の建設に着手した。

第5章

駅のホテルと百貨店

◎

和久田康雄

1　はじめに

旅客駅に利用者のために設けられる施設としては食堂や売店があるが、それらをさらに拡充して宿泊施設を備えたり大規模な店舗とする場合がある。ステーション・ホテルとかターミナル百貨店と呼ばれるものである。

幹線鉄道では駅構内または隣接地にホテルがあれば旅行者にとって便利であり、鉄道によるその建設はイギリスで早くから行われてきた。また近郊鉄道では沿線住民が日ごろ利用する駅でいろいろな買物もできれば利便性が高く、大阪や東京の私鉄ターミナルでは百貨店を併設するものが第二次大戦前から出現してきた。

こうしたホテルや百貨店には鉄道が直営するものと系列企業または外部に運営させるものとがあり、直営の場合には鉄道の兼業収入も増加するが、運輸とは別の業種であるため、その経営には専門のノウハウを身につけていく必要がある。

大戦後は鉄道だけで収支をつぐなうことがむずかしくなり、駅のスペースを活用する増収策が注目されてきた。兼業が制限されていた日本の国鉄もしだいにこうした分野へ進出し、現在のＪＲには私鉄をしのぐ巨大な複合ターミナルも出現している。一方、近年民営化された英国国鉄では、ホテル部門が切り離され売却されてしまった。

以下ではイギリスを中心とする海外のステーション・ホテル、日本のステーション・ホテル、日本のターミナル百貨店について、それぞれその移り変わりを見ていくことにする。なお鉄道系のホテルには、駅から離れた都市内やリゾート地などに建設されたものもあるが、それらは駅のホテルに関連して簡単にふれるだけとしたい。

2　海外のステーション・ホテル

鉄道が駅のそばにホテルを建設したのは、ロンドンから北へ向かうロンドン・アンド・バーミンガム鉄道（後のロンドン北西鉄道、一九二三年の統合後はＬＭＳ鉄道）のユーストン駅が最初だった。駅が開業した一八三七年の翌年に着工されて三九年に完成したのは東南側がユーストン・ホテル、西南側がヴィクトリア・ホテルであり、駅と二つのホテルが道路をはさんで「品」と

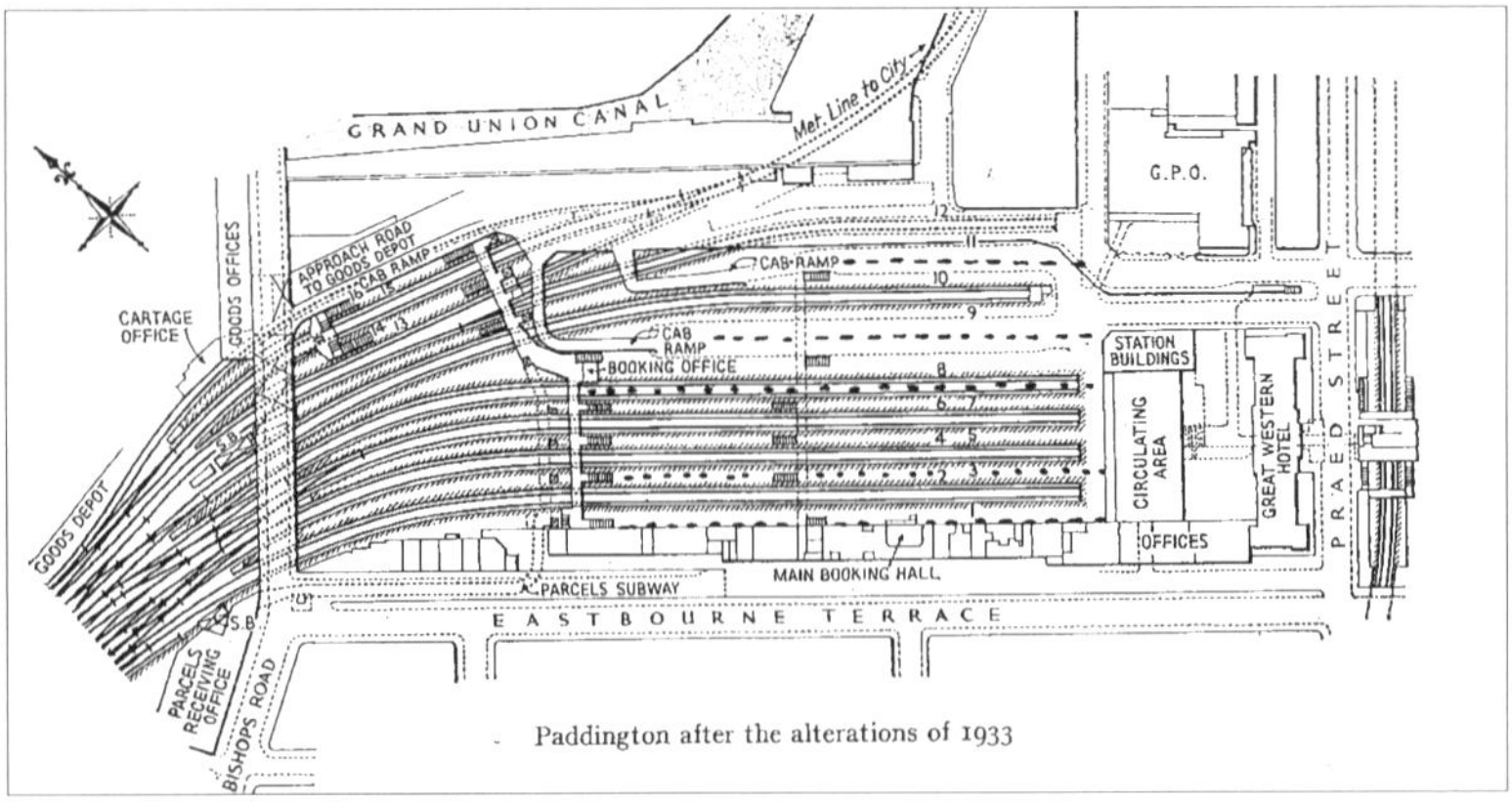

ホテルを取り込んだロンドン・パディントン駅（平面図）

いう字のように向き合っていた。一八八一年には両ホテルを結ぶ部分も追加されて計三〇〇室となった。

ロンドンから西へ向かったのはグレート・ウェスタン鉄道で、起点のパディントン駅は一八五四年に新築され、正面の道路と駅施設との間にグレート・ウェスタン・ローヤル・ホテルができた。ロンドン一の高級ホテルと言われ、後年の拡張によって二五〇室の規模になった。

一八六〇年にはロンドンから南へ向かう複数の鉄道（統合後はサザン鉄道となる）の起点としてヴィクトリア駅が開業し、その北西の角に翌年グロヴナー・ホテルが完成した。堂々とした建築で、階数が多いため当時としては珍しいエレベーターも設けられていた。後の拡張によって一五〇室ほどになっている。

ロンドンから北へ走るミッドランド鉄道（統合後ＬＭＳ鉄道となる）が起点セント・パンクラス駅を開業したのは一八六八年だったが、そこにミッドランド・グランド・ホテルが完成したのは五年後のこと。ゴシック風の豪華な建築で四〇〇室以上もあり、ロンドンでいちばん高級で快適、しかも経済的なホテルだと宣伝された。

セント・パンクラス駅　撮影：中島啓雄氏 2008 年

このほかロンドンの大部分の終端駅にはホテルがつくられ、地方都市やリゾート地にも鉄道系のホテルが生まれた。鉄道は一時、イギリス全土に大小一四〇ものホテルを持っていて、世界最大のホテル帝国と呼ばれた。大規模なホテルを建設する資本力を持っていたのは、一九世紀なかばまで鉄道会社だけ

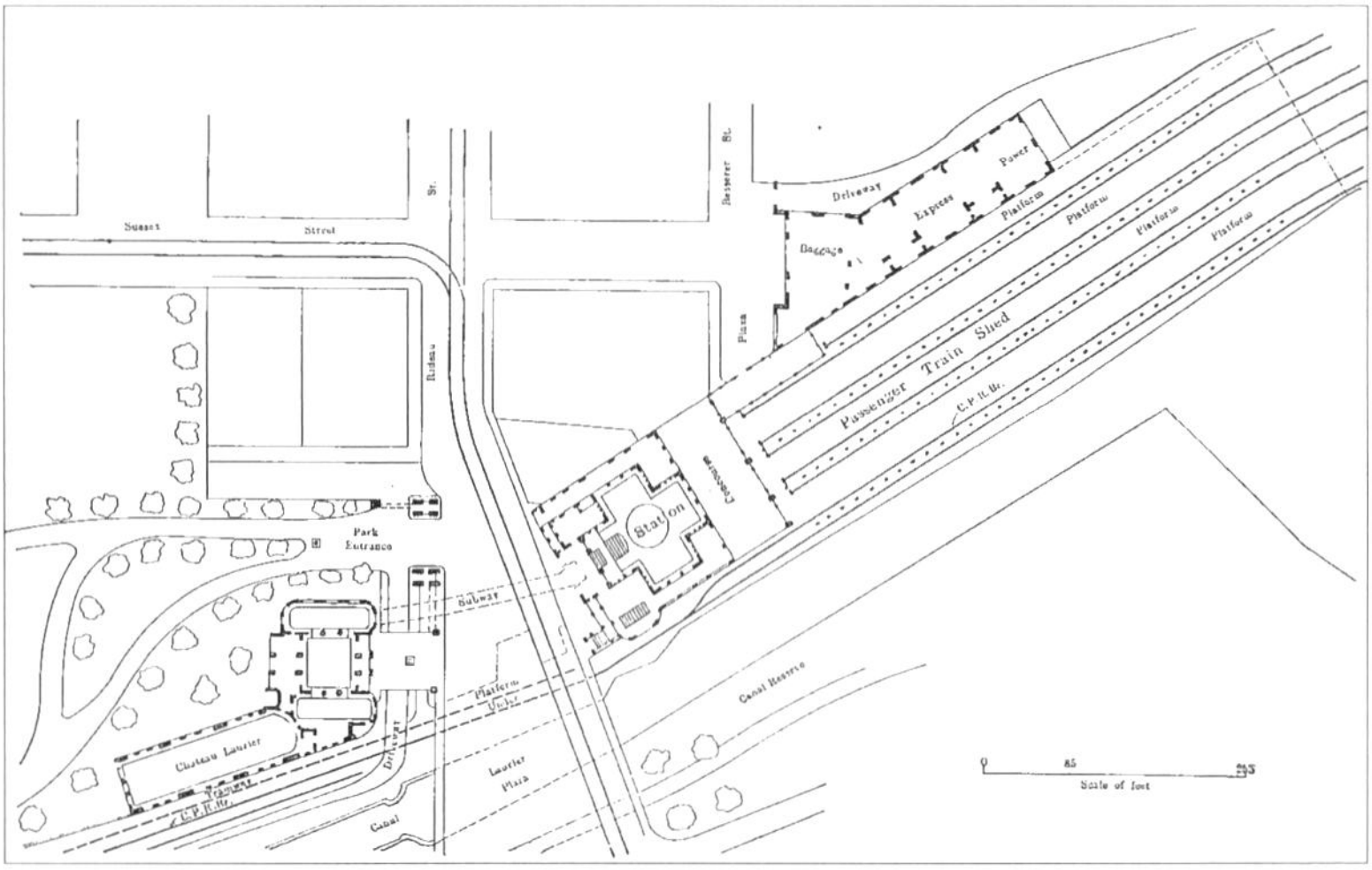

系列ホテルと向き合っていたオタワ中央駅（平面図）

だったからである。

一九二三年の四大鉄道への統合後、一部の不経済なホテルは外部に売却されたり事務所に変わったりした。一九四八年の鉄道国有化に際しては、国有となった鉄道系ホテルの運営が国鉄から分離されたが、一九六二年に英国運輸ホテルとしてまた鉄道の傘下に戻った。しかし一九八三年になると鉄道民営化の政策に沿って、残っていた二〇余りのホテルも売却されてしまった。

これらのうち現在も大手ホテル・チェーンによって営業が続けられているのは、パディントン駅のヒルトン・ロンドン・パディントンやヴィクトリア駅のシスル・ヴィクトリアである。
フランスなどヨーロッパ大陸でも鉄道系のホテルは見られたが、とくにホテルに力を入れたのはカナディアン・パシフィック鉄道（CPR）であった。一八八六年に大陸横断鉄道が開通する際には、ロッキー山中のグレーシャー（氷河）駅に駅名と同じ名のホテルが、またまた終点のヴァンクーヴァー市内にはホテル・ヴァンクーヴァーが建設された。

CPRの市内ホテルとしてはケベック州のシャトー・フロントナックとオタワのシャトー・ローリエが有名であり、またロッキー山地にはバンフ・スプリング・ホテルやシャトー・レイク・ルイーズも建てられた。これらはシャトーと名乗るとおりフランスの古城のような豪華建築だった。このうち駅に接していたのはシャトー・ローリエ（現在のフェアモント・シャトー・ローリエ）だけだったが、その後オタワ中央駅が廃止されたため、これもステーション・ホテルではなくなっている。

駅に接するといえば、ニューヨークのグランド・セントラルには一九一二年の完成時から西側にホテルがあった。現在では東側にグランド・ハイアット・ニューヨークという一三〇〇室の大ホテルがあって駅と地下道でつながっている。

3　日本のステーション・ホテル

山陽鉄道が神戸から馬関（後の下関）まで開通したのは一九〇一年であり、連絡船によって門司と結ばれた。そして馬関駅構内には、一九〇二年に（和風旅館に続いて）洋風の山陽ホテルが開業した。日本最初の鉄道ホテルである。

一九〇五年には釜山への航路も開設（翌年、山陽鉄道に買収）され、下関は交通の結節点としての地位をいっそう高めた。一九〇六年の国有化によって山陽鉄道が買収されると、山陽ホテルも国鉄の直営となった。木造の旧ホテルは一九二二年に焼失したが二年後にコンクリート造で再建され、客室三〇を備えていた。

駅からは離れているものの、関西鉄道が地元と協力して着工したのが奈良ホテルであった。関西鉄道が一九〇七年に国有化されるとこれも国鉄に引き継がれ、一九〇九年の完成後は民間に経営させて、一九一三年から国鉄直営となった。桃山風の豪華な建築で客室は五〇余りで

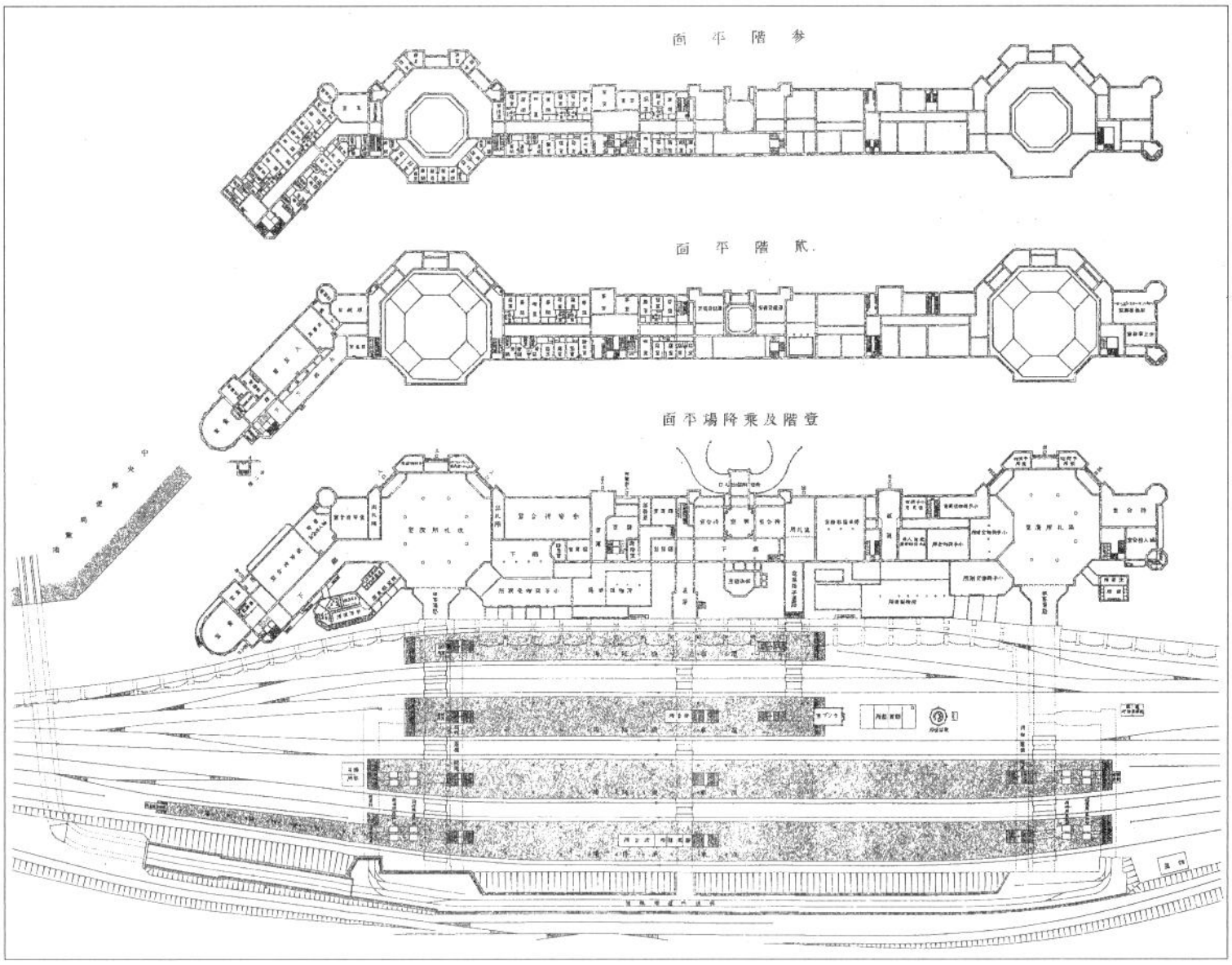

ステーションホテルを入れた東京駅（平面図）　出典：帝国鉄道協会会報

あった。

駅本屋と一体化したホテルの最初は、一九一五年に開業した東京ステーションホテルである。前年完成した赤煉瓦造の駅舎の一部を利用したもので、当初は精養軒に営業させ、一九三三年から国鉄が直営した。ここには客室七二があった。

このように第二次大戦前の国鉄が三つのホテルを持っていたのは、収益よりも旅客サービスのためであった。初期の宿泊客は、日本人よりも外国人が主体であった。戦後は、山陽ホテルが戦災のため廃止され、東京ステーションホテルと奈良ホテルの経営も国鉄から切り離された。

さて一九五〇～六〇年代の国鉄では駅舎の改築に際し民間資本を導入する「民衆駅」制度を取り入れ、それによって建設された駅ビルの中にはホテルを設けるものも現れた。福井、小倉、天王寺、博多、戸畑、広島、帯広などである。

一九七一年からは国鉄の出資できる関連事業の範囲が広がり、駅ビルがこれにあたることから各地で建設が進められた。名古屋駅本屋の北側には一九七四年に名古屋ターミナルビルがつくられ、そこに名古屋ターミナルホテルが開業した。

さらに大規模なものとして、一九八三年に大阪駅本屋が二七階の「アクティ大阪」に建て替えられた。国鉄と大阪ターミナルビルという関連会社の事業であり、その一九～二六階には約六五〇室を持つ大阪ターミナルホテルが開業した。これは国鉄時代の駅ビルとして、またステーション・ホテルとして、最大規模のものであった。

一九八七年の国鉄改革以後は、ＪＲ各社が幅広い事業活動を展開できるようになった。そのうち駅舎の建築にからむ大プロジェクトは、京都駅と名古屋駅である。

ＪＲ西日本では一九九七年に京都駅を新築したが、延床面積は二三万八〇〇〇㎡とアクティ大阪の一三万五〇〇〇㎡を大きく上回った。ここにはホテルグランヴィア京都が開設されており、JR西日本では系列のホテルをグランヴィアと名付けているので、アクティ大阪のものはホテルグランヴィア大阪となっている。

JR東海では名建築と言われた名古屋駅の本屋を撤去して、「JRセントラルタワーズ」という北棟が五一階、南棟が五三階の高層ビルを建設し二〇〇〇年に開業した。延床面積は四一万㎡あって世界最大の駅ビルとされ、このうち南棟の一五〜五二階には約七八〇室を持つ名古屋マリオットアソシアホテルが開業している。なおJR東海も系列ホテルには共通の名前を採用したため、北隣りに従来からあるホテルはアソシア名古屋ターミナルとなった。

いちばん古い東京ステーションホテルはJR東日本の関係会社が経営してきたが、駅舎を昔の姿に復元する工事のため、二〇〇六年から約五年間休止中である。

鉄道国有化以後の私鉄は国鉄のように幹線輸送を担当するものではなくなったが、大都市のターミナルのそばにホテルを建てる例が一九六〇年代から現れてきた。

その最初は京阪神急行電鉄（現・阪急電鉄）が梅田駅の隣につくった新阪急ホテルで、一九六四年に開業した。阪急ではその以前から宝塚ホテルと六甲山ホテルというリゾート・ホテルを経営しており、オリンピックが開催され新幹線も開業してレジャーやビジネスの旅行が増えてきた時代をとらえて、都市型ホテルに進出したものである。

名古屋鉄道は新名古屋（現・名鉄名古屋）駅のある名鉄ビルディングの隣にバスターミナルを建設し、一九六七年に開業した。そしてその一一〜一八階には名鉄グランドホテルがつくられた。業務客を狙った一八〇〇円の料金（当時の為替レートから「五ドル」と宣伝）が人気を集めた（現在ではJR名古屋駅の新幹線口近くに名鉄ニューグランドホテルもつくられている）。

初めて私鉄の駅本屋の中にホテルを入れたのは西武鉄道の西武新宿駅で、一九七七年に完成した。東京の私鉄ターミナルにはなかった二五階の高層ビルで、もちろん西武系の新宿プリンスホテルが入っている。

近畿日本鉄道の上本町ターミナルは一九六〇年代から段階的に整備が進められて、一九八五年にはここに都ホテル大阪が完成した。近鉄ではこれを国際級シティホテルと自賛している。私鉄ターミナルとしていちばん古い南海電気鉄道の難波駅は、やはり次々と改良工事が進められてきた。そして一九九〇年には駅の真上に三六階のサウスタワーホテルが開業した。現代の私鉄は幹線輸送とは無縁だとさきほど記したが、関西国際空港（一九九四年開港）と直結して

百貨店の１階がコンコースとなっていた阪急・梅田駅

いる南海は、ＪＲに劣らず遠距離の旅行者を迎えることができるわけである。

4　日本のターミナル百貨店

私鉄のうち法規上の「鉄道」は一九二九年まで兼業が制限されていたのに対し、路面電車から始まった「軌道」にはこうした規制がなく、多くは電気供給事業を兼営していた。中でも宅地開発やレジャー施設経営など多角化の先駆者になったのは、阪神急行電鉄（現・阪急電鉄）であった。

阪急では一九二〇年に神戸線が開通した時、起点の梅田に五階の阪急ビルを建て、一階を白木屋に貸して食料品や雑貨の売店、二階を直営の食堂とした（三～五階は本社事務室）。そして五年後に白木屋との契約期間が切れると、二・三階を直営のマーケット、四・五階を食堂とした。

この阪急マーケットは沿線住民に喜ばれたが、全体で一〇〇〇㎡の狭さであった。それを一気に八階のビルとして、売場面積一万㎡の阪急百貨店を開いたのは一九二九年であった。呉服屋から起こった都心の百貨店と違って、郊外の住宅から都市へ通勤する人たちの新しいライフスタイルに合わせた店づくりを狙っていた。

この行き方にならったのが東京横浜電鉄（現・東京急行電鉄）の渋谷駅で、一九三四年に七階建ての東横百貨店を直営で開いた。九時から二一時までの年中無休営業とした上、呉服を重点としないで洋品・雑貨や食料品などの日用品に力を入れたのは、阪急百貨店と同じである。

これに対して私鉄がビルを建設しても、そこでの百貨店営業は既存の業者にまかせる方式をとったのが、一九三〇年の南海鉄道（現・南海電気鉄道）難波駅と一九三一年の東武鉄道浅草雷門（現・浅草）駅であった。難波駅に完成した七階の南海ビルには高島屋が出店した。浅草雷門駅も当初の計画が変更されて七階のビルとなり、松屋呉服店がそのテナントとなった。

大阪電気軌道（現・近畿日本鉄道）の上本町駅の場合は、一九二六年に完成した大軌ビルの一

百貨店の２階にホームを置いた浅草雷門駅　出典：大東京都市写真帖（1932年）

部に三笠屋百貨店を入れていたが、一九三六年にビルを改築して直営による五階の大軌百貨店を開業した。

第二次大戦前の主なターミナル百貨店として、大阪にはもう一つ、大阪鉄道（現・近畿日本鉄道の南大阪線）が阿部野橋駅に一九三七年開業した七階の大鉄百貨店もあった。

なおこうした私鉄系の百貨店は、戦後は別会社の経営に移され、阪急百貨店の梅田本店、東急百貨店の東横店、近鉄百貨店の上本町店・阿倍野店となっている。またその規模も、あいつぐ増改築によって大幅に拡げられてきた。

一方、戦後に急成長したのは、池袋の西武百貨店である。その前身は京浜電気鉄道系の菊屋デパートで、武蔵野鉄道（現・西武鉄道）が買収して武蔵野デパートとしたが、とても百貨店とは呼べない二階の小規模店であった。それが一九五二年にはターミナル百貨店らしい七階のビルとなり、その後次々と拡張されていった。

もっとも同じ西武を名乗っていても、鉄道や不動産、観光を主体とするグループと流通グループとはしだいに離れていったので、池袋駅の上に建っているとはいえこれが純粋の私鉄系ターミナル百貨店と言えるかどうか、疑問もある。

新しく百貨店に進出したのは、名古屋鉄道であった。名鉄が新名古屋駅を開いたのは大戦中であり、本格建築は許されなかった。戦後、そこにビルを建てて一部を百貨店とする計画で地元の松坂屋に出店を求めたが、松坂屋は採算に不安を抱いて途中から辞退した。ビルはもう着工していたため、阪急百貨店の指導を受けて子会社の名鉄百貨店による経営に踏みきり、一九五四年に部分開業、一九五七年には一〇階のビルが完成した。ただしこの当時は小売業者保護のための規制が厳しく、六階以下だけが百貨店の売場となった。

工事が戦争で中断されたのは、阪神電気鉄道の梅田駅につくられた梅田阪神ビルであった。戦前は四階まで完成しており、阪神では一九五七年に子会社の阪神百貨店を独立させてこれをその売場にあて、翌年には八階までの増築もできた。さらに一九六三年には一一階の新館が完成（旧館と合わせて大阪神ビルと呼称）、一九七四年にはその全館が百貨店にあてられた。

渋谷、池袋の百貨店が私鉄によって始まったのに対し、新宿には戦前から伊勢丹などがあった。しかし一九六〇年代に新宿駅西口の開発が進められると、二つのターミナル百貨店が誕生した。

小田急電鉄では国鉄や営団地下鉄などと協定して駅ビルを建設し、そこに子会社の百貨店を入れることとした。ただしこの工事は遅れたため、西口広場に面して建築される東京建物ビルを借り受けて、一九六二年に小田急百貨店を開業した。五年後に駅ビルが完成すると、こちらを本館、従来のものは別館とした。売場面積計五万四〇〇〇㎡という大規模店の誕生である。

京王帝都電鉄（現・京王電鉄）では新宿地下駅の工事に合わせて京王ビルを建設し、一九六四年に完成してここに京王百貨店を開いた。三年後には売場面積約四万㎡に拡張され、子会社とはいえ電鉄の総収入を上回るほどの売上高を計上するようになった。

浅草駅では松屋をテナントとしてきた東武鉄道であるが、東上線の出る池袋駅西口では系列の百貨店を立ち上げ、一九六二年に開業、一九六四年には東横百貨店池袋店を譲り受けた。その後も拡張を続け、一九九二年にはメトロポリタンプラザビルが完成して、東武百貨店の売場面積は当時日本一の八万三〇〇〇㎡となった。

そのほか関東の大手では、京浜急行電鉄が中間駅・上大岡に京急百貨店を一九九六年に開業し、初めて本格的な流通業に乗り出した。ここは横浜市営地下鉄との乗換駅であり、その意味でターミナル百貨店と呼ぶこともできる。

以上のような大手各社だけでなく、地方私鉄でもターミナルに百貨店を入れるものが出てきた。代表的なものは伊予鉄道の郊外線三線が集まり、駅前から市内線が発着する松山市駅である。伊予鉄では専門デパートの協力を得ながら自社が経営権をもつ方式とし、伊予鉄七割、そごう三割の出資比率で子会社を設立、一九七一年に「いよてつそごう」を開業した。その後、出資者は高島屋に交替したが、この伊予鉄高島屋は四国一の百貨店であると誇っている。

このようにターミナル百貨店は私鉄の経営多角化のシンボルであるが、国鉄でも「民衆駅」に百貨店を入れた例がいくつかあった。そのうち最大のものは東京駅八重洲口に一二階で完成した鉄道会館で、一九五四年の開業とともに大丸を出店させた。もっともこの鉄道会館については、国鉄の定めた構内営業料が適正かと国会で追求され、会計検査院からも指摘を受けている。

その後国鉄には、これほどの大型店を入れた駅ビルはなかった。博多駅が移転し、一九六四年完成の新しいビルに井筒屋を入れたぐらいがめぼしいものであった。しかし、ホテルの項で述べたように大阪駅のアクティ大阪が一九八三年に開業すると、大丸がそのテナントとして進出した。

ＪＲとなってからは、やはりホテルの項でふれたとおり一九九七年に京都駅が完成しており、ここにはＪＲ京都伊勢丹が入った。また二〇〇〇年には名古屋駅のＪＲセントラルタワーズもでき上がって、ＪＲ名古屋高島屋がそこに開業した。鉄道側と百貨店業者の共同出資というのは、中小私鉄である伊予鉄と同じやり方である。

こうしてターミナル百貨店は、その駅の乗降客だけでなく、多くの人々をターミナル地域に引き付ける存在となっている。

第6章

文人ゆかりの駅

◎

佐藤喜一

はじめに

汽車・電車が好きである。汽車旅もいい。

文学も好きである。自ら詩歌をものすることはしないが、いろいろな詩文には接している。

この、汽車と文学に対する好みを充足させるために、文人たちの汽車旅を追うことにした。汽車と文学とを二本のレールの上に乗せて楽しむ旅を始めた。汽車旅文学散歩、とでも言ったらいいだろう。

そんな旅のつれづれなる想いをエッセイにして三冊程上梓した。面白がってくださる方もあれば、中途半端で散漫だと思う方おられるようだ。それはそれでいいだろう。要は、自分で十分納得できる「旅」ができるかどうかである。

人々にとって旅の楽しみは、いい景色を眺め、美味を食し、湯浴みをし、ぐっすりと眠ることであろう。そうした、ミル、クウ、フロ、ネルを楽しむ旅も大切だろうが、時にはその駅で、そのまちで、文人たちの呟きにしばし耳を傾けてみることも、必要ではないか。

あちらこちらの駅を訪ねて、さまざまな出あいがあった。以下、その一端を紹介しよう。

❶ 釧路駅〈根室本線〉

明治41年1月21日夜、二十一歳の青年がこの駅に降り立った。のちに『一握の砂』という歌集を出した石川啄木（明治19〜45）である。

前年5月、「石もて追はるるごとく」岩手県渋民村を去った彼は、まず函館で生活し始め、9月に札幌へ、そしてすぐ小樽へと転々し、さらに「食を需《もと》めて」釧路へとやって来たのだった。

1月19日小樽発11時40分発岩見沢行の汽車に乗った啄木は、その日は岩見沢泊。次の日は旭川に泊って、翌朝6時30分発釧路行の客となった。それこそ、「浪淘沙《ろうたうさ》／ながくも声をふるはせて／うたふがごとき旅なりしかな」という思いを乗せ、今はなき根室本線旧線のあの狩勝峠を越えて終着駅釧路へ到着したのだっ

港文館前の啄木像

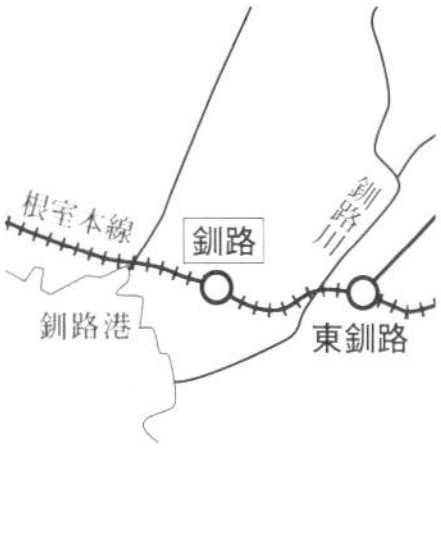

旧釧路停車場跡案内

た。そして、その時の気持ちを、あのあまりにも著名な歌に託したのだった。

「さいはての駅に下り立ち／雪あかり／さびしき町に歩み入りにき」

この歌の「さいはて駅」は、現在地の釧路駅ではない。現在駅よりは５００ｍ程南にあった。明治34年７月20日の開業。この日、道東では早々と釧路・白糠間（27・３㎞）が開通した。

されど道央まではレールは続かず、旭川・富良野・帯広・釧路が一本化するのは、明治40年９月８日。啄木はかなり早くこの新しい線に乗ったことになる。ちなみに根室まで届くのは大正10年８月５日。

釧路育ちの作家原田康子（昭和３〜）に『海霧』という長編小説がある。釧路を中心として日本の近代化の夜明けともいうべき時代と人間にスポットをあてた力作だ。この中に駅開業に際してのこんな叙述がある。

……住民が停車場と呼ぶ釧路駅は、川向こうの西幣舞《にしぬさまい》にあって、舟着場の近辺からも目に入った。……海岸寄りのこぢんまりとした駅だった。

この旧駅舎跡には、現在福祉会館が建つ。その前庭に、先の「浪淘沙」の歌碑が佇んでいる。「さいはての」の歌碑は、駅にはない。昭和47年の鉄道の日（開業１００年の日）、旧駅舎に近い幸町公園に建てられたが、啄木の勤務した釧路新聞社の建物が、釧路川の河口に近い場所に「港文館」として復元されたので、そちらに移設されたという。本郷新制作の啄木立像と並んで立つ。揮毫はあの小奴さん。

啄木の釧路滞在はわずか七十六日間だった。それなのに、このまちには二十数基の歌碑をはじめ、「たくぼく通り」があり、「たくぼく線」と名のるバス路線もある。

「浪淘沙」の歌碑

開業初日の一番列車は釧路を10時に出発したとか。百年経った平成13年7月20日、同じ10時に「祝開業１００年　ＳＬ白糠号」が発車した。Ｃ１１１７１の牽く客車の中で、私は啄木のさすらいの旅に思いを馳せていた。

❷ 二本松駅〈東北本線〉

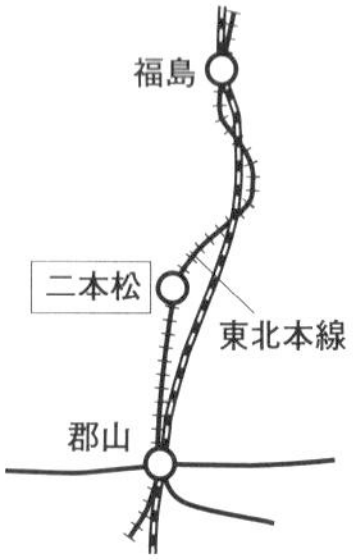

東北新幹線の郡山で在来線に乗り換えて約二十分、二本松駅に着く。途中、晴れた日には左手の車窓一杯に美しい山が微笑んでくれる。安達太良《あだたら》山である。その上に澄んだ碧空が、智恵子の言う「ほんとの空」が、拡がる。

東北本線――かつては総キロ数でＪＲでは最長の「本線」だったのだが、盛岡・八戸間が第三セクター路線になったため、一位の座を山陰本線に譲ってしまった。新幹線開通（昭和57）の影響もあってローカル線の風情が濃くなったが、それが旅情をかき立てもする。安達太良山が車窓に拡がるといった風情は、新幹線では味わえない。

駅は明治20年12月の開業というから、かなり歴史がある。かつては多くの優等列車が停車したので、ホームも長いし構内も広い。昭和51年改築という三代目駅舎も、堂々としている。丹羽家十万石の居城霞ヶ城のあった町にふさわしい駅舎で、城下町らしいたたずまいがいい。さらにうれしいのが城の石垣を模した壁面にはめこまれた黒御影石に、「あどけない話」の末尾の一節が刻まれていることだ。

「阿多多羅山の山の上に／毎日出てゐる青い空が／智恵子のほんとの空だと／いふ」

あどけない話　　高村光太郎

智恵子は東京に空が無いといふ、
ほんとの空が見たいといふ。
私は驚いて空を見る。
桜若葉の間に在るのは、
切つても切れない
むかしなじみのきれいな空だ。
どんよりけむる地平のぼかしは
うすもも色の朝のしめりだ。
智恵子は遠くを見ながら言ふ。
阿多多羅《あたたら》山の山の上に
毎日出てゐる青い空が
智恵子のほんとの空だといふ。
あどけない空の話である。
（『智恵子抄』より）

高村光太郎（明治16～昭和31）の妻となる長沼智恵子（明治19～昭和13）は、福島の高等女学校を卒業すると、明治36年春に上京して日本女子大に入学する。彼女はこの二本松の駅から（私の推量では）福島始発二本松6時45分発、上野着16時25分の汽車で上京したようだ。

そして、明治も終わりになって光太郎と知りあい、大正3年から一緒に暮らすことになった。「あどけない話」という詩は昭和3年5月の作とされている。とすれば、智恵子は上京して四半世紀以上になるのに、東京の空になじめなかったことになる。なんとなくほほえましい。

「ほんとの空」の拡がる智恵子の故郷へ光太郎が初めて訪れたの

二本松駅

は、大正9年5月とのことだ。降り立ったのが二本松駅か、生家に近い安達駅（大正6開業）なのかがはっきりとしないが、この訪問が後になって「みちのくの安達が原の二本松　松の根かたに人立てる見ゆ」という添え歌のある、そして「あれが阿多多羅山／あの光るのが阿武隈川」というフレーズがリフレーンする。「樹下の二人」（大正12）という詩を紡ぎ出したのはたしかであろう。

　智恵子の生家跡に記念館がある。その裏手に鞍石《くらいし》山があり、詩の舞台はそこだという。山は整備されて、今、「智恵子の杜《もり》公園」となり、散策コースとなっている。なだらかな「愛の小径」を登ってゆくと、「詩碑の丘」があり、「樹下の二人」を刻んだ碑が建つ。歩を進めて「みはらし広場」に出ると、山も川も眺められ、「ほんとの空」が広がっている。

　秋になると霞ケ城公園で菊人形展が開催される。二本松駅のホームにも菊人形が飾られ、駅前の詩碑にも菊が供えられる。二本松を訪れるのは、菊の薫る良く晴れた日にしよう。

❸ 新前橋駅〈上越線〉

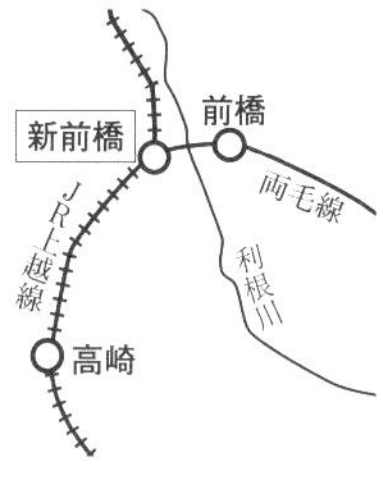

上越線新前橋駅は、東京から112・3㎞の地点にある。前橋駅は、ここから両毛線に入り、利根川を渡って到着する。前橋は明治17年8月20日の開業（当初は利根川西岸）。萩原朔太郎（明治19～昭和17）の生まれた年よりも少し古い。

日本最初の私設鉄道である日本鉄道が、上野・熊谷間に汽車を走らせたのが、明治16年7月28日。翌年5月に高崎、8月には前橋まで延伸し、直通列車を走らせた。

新前橋駅が誕生するのは、日鉄の国有化（明治39）後、大正も10年になった7月1日だ。上越線の建設が南北から始められ、南から渋川まで通じた時に開設された。ちなみに清水トンネルの完成は、昭和6年9月1日である。

朔太郎のこの詩は、大正14年刊の『純情小曲集』中「郷土望景詩」の一篇として収録されている。開業当初のこの駅の風情がよく伝わってくる。夏らしい趣も漂っている。

前橋で生まれ育った朔太郎、家業の医者となることを期待されたものの、当時としては白眼

新前橋駅　　萩原朔太郎

野に新しき停車場は建てられたり
便所の扉《とびら》風にふかれ
ペンキの匂ひ草いきれの中に強しや。
烈々たる日かな
われこの停車場に来りて口の渇きにたへず
いづこに氷を喰《は》まむとして売る店を見ず
ばうばうたる麦の遠きに連なりながれたり。
いかなればわれの望めるものはあらざるか
憂愁の暦は酢え
心はげしき苦痛にたへずして旅に出でんとす。
ああこの古びたる鞄をさげてよろめけども
われは瘠犬のごとくして爛れむ人もあらじや。
いま日は構外の野景に高く
農夫らの鋤に蒲公英《たんぽぽ》の茎は刈られ倒されたり。
われひとり寂しき歩廊《ほうむ》の上に立てば
ああはるかなる所よりして
かの海のごとく轟ろき感情の軋《きし》りつつ来るを知れり。

視された文芸の道を志す。まちの人々の眼は冷たく、「あすこに白痴《ばか》が歩いていく」と言われ、舌を出されることもあったようだ。

それでもここは故郷。都会にいても「ひとり都会の陸橋を渡って行くとき、涙がゆえ知らず流れてきた。えんえんたる鉄路の涯へ、汽車が走って行く」と書かずにはいられない朔太郎だった。「郷土望景詩」十篇は、そんな詩人の心象風景の結晶といってもいい。

駅について詩人はこう述べる。「朝、東京を出て渋川に行く人は、昼の十二時頃、新前橋の駅を過ぐべし。畠の中に建ちて、そのシグナルも風に吹かれ、荒廖たる田舎の小駅なり」と。

大正10年8月の「旅行案内」をめくると、上野7

時50分発の汽車がある。渋川が12時10分着。新前橋がはっきりとしないが、12時少々前だろう。上野から約四時間。遠かった。

この「田舎の小駅」から、詩人は「われの望めるもの」を求めて旅に出ようとする。憂鬱からの脱出は、可能なのか。わからない。

「便所の扉風にふかれ」ているような停車場も、立派な駅舎になった（昭和58）。そして駅前の「太陽の広場」には、詩碑が建てられ、開業当初の木造駅舎のレリーフが並んでいる。昭和62年に前橋ライオンズクラブによる建立とか。

されどこの懐かしい詩碑やレリーフ、下車してまで眺めようとする人は少ないようだ。

駅構内のすこぶる目立たぬ所に、「詩人萩原朔太郎ゆかりの駅」と書かれ、「わが故郷に帰れる日／汽車は烈風の中を突き行けり」で始まる「帰郷」という詩の冒頭六行を記したプレートもある。これも車内からは見えにくいから、目をとめる人もほとんどいない。

大正10年開業当時の駅舎（レリーフ）

現在の駅舎（手前に詩碑）

❹ 替佐《かえさ》驛 〈飯山線〉

故郷　文部省唱歌

一 兎《うさぎ》追いしかの山、
小鮒《こぶな》釣りしかの川、
　夢は今もめぐりて、
　忘れがたき故郷。

二 如何にいます父母、
恙《つつが》なしや友がき、
　雨に風につけても、
　思いいずる故郷。

三 こころざしをはたして、
いつの日にか帰らん、
　山はあおき故郷。
　水は清き故郷。

（岩波文庫による）

信越線豊野・上越線越後川口間96・7㎞を結ぶ飯山線――この名称を知っている方は少なくないが、替佐となると「はて？」という方が多いようだ。

大正10年10月20日の開業だから、九十年近い歴史を持つ駅だ。もちろん駅舎は建て替えられたのだろうけれど、鄙びた風情が漂う無人駅だ。原木に刻まれたかなり大きな「替佐驛」という標札が改札口の上にあって、駅の存在を誇示してはいる。されど駅前に目立つものはない。人影もまばらだ。思わず「何もない駅です」ということばが出そうになる。

飯山線の下り列車は長野駅から出る。三十分程走ると、替佐に着く。島式ホームで列車の交換可能駅。ホームの上に黒い木柱が三本立って

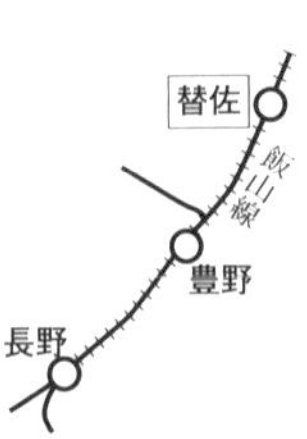

いて、こんな白い文字が目立つ

斑尾《まだらお》高原大池・高野辰之《たかのたつゆき》生家・替佐城跡

そして何よりも私が惹きつけられるのは、この地出身の高野辰之作詞の〈うた〉が流れることだ。それがうれしい。

高野の〈うた〉は「紅葉《もみじ》」・「春が来た」・「春の小川」・「故郷」・「朧月夜」が、明治43年から大正3年にかけて文部省「尋常小学唱歌」に採録されて、全国津々浦々で歌われたが、この五曲（作曲はいずれも岡野貞一）は「ＮＨＫ日本の歌　ふるさとの歌百選」（平成3）に選ばれて、今でも愛唱されている。とすればこの駅、まさに「〈うた〉のふるさと」駅と言ってもよさそうだ。

高野辰之（明治9～昭和22）は、この停車場から一里程離れた豊田村で生を享け、地元の小学校、隣町の高等小学校、長野師範学校を卒業して小学校教員となったが、古文学を好み詩文の制作にも励んでいたので、上京して文部省に勤務しながら研究に励んだ。一度帰郷して長野師範の教壇にも立ったが、再度上京して文部省の唱歌教科書編纂委員ともなって、自らも歌詞を書くようになった。その詞が、まだ生きていて、日本人の心をとらえている。

そうした活動だけでなく、高野は生涯を賭けた日本の演劇歌謡史の研究にも精を出し、『日本歌謡史』（大正15刊行）で文学博士の学位を授与された。
「こころざしを」なかば「はたし」た博士は、大正14年2月、故郷を訪れる。
当時は上野からここまで八時間半から十時間もかかった。されど「忘れがたき故郷」。高野
はこんな「帰郷吟」を残している。

停車場に並みゐる子ども　礼正し
聞けば皆これ　わが姪《めい》　わが甥《おい》
ふる里に芹《せり》味へば　地づくりの
新酒にも打つ　舌鼓かな
よろこびを抱きて来れば　今更に
雪なす鬚《ひげ》の　父は尊し
雲雀《ひばり》啼《な》く　野にもまさりぬひと心
よに暖けき　雪のふる里
狐《きつね》見し　岡は水田にかはりゐて
子ども石油を知らぬ故郷

大正十四年二月詠　辰之

高野辰之さんが「こころざしをはたして」
降り立った往時の替佐停車場

生家から少し離れた母校の小学校の敷地内に記念館がある。美しく整った和風の館だ。ここに「帰郷吟」の直筆が保存されていた。往時の替佐駅構内の写真もあった。小さな蒸機のシルエットが、鉄道の原風景を示している。

写真に見惚《と》れていると、館内にオルガンの音色が響きわたった。「故郷」だった。三拍子のこの曲に耳を傾けていると、ふっと教会の中にいるような錯覚にとらわれた。そういえば作曲者は、教会のオルガン奏者を長いこと勤めた方だった。

「『故郷』にはオルガンが良く似合う」――ふっと私はそんなことを考えていた。

❺ 桑名駅〈関西本線〉

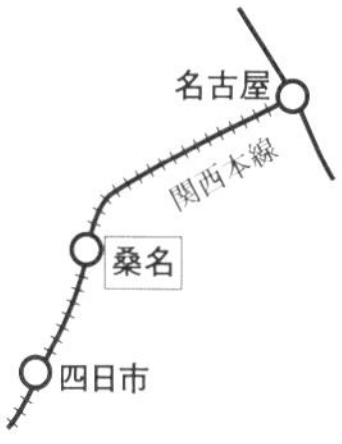

東海道の古い宿場町として著名な桑名に鉄道駅が開業したのは、明治27年（１８９４）７月５日のことである。百年経ってこの駅の一番ホームに詩碑が建てられた。赤御影石の堂々とした開駅１００周年記念の碑である。

桑名の駅　中原中也

桑名の夜は暗かつた
蛙《かえる》がコロコロ鳴いてゐた
夜更けの駅には駅長が
綺麗な砂利を敷き詰めた
プラットホームに只独り
ランプを持つて立つてゐた

桑名の夜は暗かつた
蛙がコロコロ泣いてゐた
焼蛤貝《やきはまぐり》の桑名とは
此処《ここ》のことかと思つたから
駅長さんに訊《たず》ねたら
さうだと云つて笑つてた

桑名の夜は暗かった
蛙がコロコロ鳴いてゐた
大雨の、霽《あが》つたばかりのその夜は
風もなければ暗かつた
（一九三五・八・十二）

「此の夜、上京の途なりしが、京都大阪間不通不通のため、臨時関西線を運転す」

詩は、中原中也（明治40〜昭和12）のズバリ「桑名の駅」。汽車好き人間にはたまらなくいい詩だが、中也の二つの詩集『山羊の歌』・『在りし日の歌』のいずれにも収録されていない。もちろん現在では文庫版の『中原中也詩集』などには載っているが。

山口県湯田生まれの中也にとって、桑名駅はまさに一期一会の停車場であった。東京と郷里との往復には東海道・山陽線を利用したであろうから、関西線での上京は、まさに偶然だったようだ。

昭和10年8月11日、その日中也は、生後十カ月の愛児と妻とを伴って上京した。湯田発10時9分の〝氣動車〟に乗り、小郡（現新山口）から10時35分発の東京行急行8列車の寝台車の客になる。東京には翌朝7時10分到着予定。ところが、関西地方を襲った台風の被害で、汽車は大阪から関西線を経由することになった。そして、時間ははっきりしないが、ダイヤの乱れであろう、深更に桑名の駅で長時間停車してしまった。

その夜のその駅でのイメージが形象化された詩である。乗客の多くはまどろんでいたであろう。されど、詩人はプラットホームに立つ駅長とことばを交わし、蛙の鳴き声に耳を傾け、暗い夜空を見上げながら、コロコロっと一編の詩を仕立ててしまったのだろう。

汽車、ということばはないけれど、汽車の匂いが立ちこめている詩である。どこからか汽笛の音が聞こえてきそうである。音読してみると、汽車のレールを刻む音も響いてくる。失われた夜汽車がよみがえり、特有の寂寞感がしっとりと心に沁みてくるようだ。

この夜から一年と少々経った翌年十一月、両親と長い旅をしたいとし児は、世を去った。さらにその次の年の十月、詩人も帰らぬ人となった。そう考えると、この詩にはこの家族の束の間の幸福にも似た雰囲気も漂っているようだ。「桑名の夜は暗かった」けれど。

この詩碑をぜひ桑名の駅のホームに建てたいという思いを抱き続けた人がいる。桑名市在住の郷土史家西羽晃さんである。この方が中心となって、桑名駅開業100周年記念の詩碑建設委員会が組織され、多くの市民の浄財を基金として建てられたという。

桑名駅の中也詩碑

碑の制作はやはり桑名市在住の彫刻家吉村寿男さん。車輪の曲線とレールの直線のイメージを組み合わせてデザインされた、高さ2・1m、幅1・5mのモニュメントである。

西羽さんによると、詩の内容にそくして本来は上りホームの上に設置するべきだったのだが、かなり大きな工事になるのでやむなく下り1番ホームの少々目立たぬ場所になったとのこと。建設も、駅長は即座にGOサインを出したが、JR東海では所有権とかメンテナンスなどの面で、難色を示したようだ。

それでも建設当初はまだしも、時が経つにつれて碑に対して「桑名の駅は　冷たくなった」そうだ。碑の案内表示版がないので自費での建設を依頼しに行ったら、駅は拒否した上に「とんでもないもの」を建ててくれたというコメントまであったとか。

04年秋の一日の昼下がりに私はこの詩碑を訪ねに行った。台座には男子高校生が腰を下ろして、うまそうに弁当を食べていた。

❻ 宇和島駅 〈予讃線〉

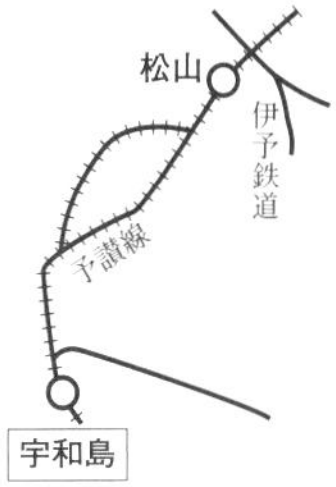

東海道本線新橋駅の汐留寄り出入口の脇に、「鉄道唱歌の碑」がある。作詞者大和田建樹《おおわだたけき》（安政4〜明治43）の生誕百年と、鉄道開通八十五年を記念して、昭和32年10月に建てられた。薄紅色の大理石に建樹自筆の「鉄道唱歌」の一節を刻んだ銅板をはめこんである。上に開通当初（1872）の汽車の小さなレプリカ、傍らにSLの動輪一軸もあって、いいモニュメントだ。

新橋駅、鉄道唱歌の碑

人通りの多い場所ではあるけれど、今では、待ち合わせをする人、ケータイを忙わしげにかける人はいても、碑を眺める人は少ないようだ。

碑の題字と碑文は哲学者安倍能成《よししげ》（明治16〜昭和41）の筆である。戦後わずかな期間だったが文部大臣を務め、のちに学習院院長になった安倍がどうして筆を執

汽笛一声新橋を
はや我《わが》汽車は離れたり
愛宕《あたご》の山に入りのこる
月を旅路の友として
（『地理教育　鉄道唱歌』〈東海道篇〉）

られたか。おそらく、宇和島と松山の違いはあっても、同じ伊予国の先輩後輩という同郷の縁によるものであろう。また、安倍自身も軍歌や唱歌をこよなく愛し、「鉄道唱歌（東海道篇）」全六十六節をそらんじて歌うという特技の持ち主だったそうだ。

二人の因縁は新橋駅頭では終わらなかった。大和田の故郷愛媛県宇和島駅前にも詩碑があって、安倍が関わっている。清家清《せいけきよし》のデザインによる、そう大きくはないがずっしりとした大理石の碑だ。

南面の題字「大和田建樹詩碑」が、元国鉄総裁（第四代）十河《そごう》信二（明治17〜昭和56）の揮毫。東面「散歩唱歌（秋一〇）」（明治34）と西面「鉄道唱歌（東海道篇）」一番が、安倍の筆だ。昭和40年10月の建立。そう、十河も伊予国の出身だった。

伊予国に「汽笛」が鳴るのは、明治21年10月28日である。伊予鉄道会社が、松山市・三津間4マイルに軽便を走らせたのだ。この汽車は夏目漱石の『坊っちゃん』（明治39）にも登場した。大和田はこの汽車を題材に「伊予鉄道唱歌」を作った。また、この汽車は21世紀になって、

「坊っちゃん列車」となって松山の人気者になっている。

伊予鉄は早く動き出したが、予讃線高松・宇和島間が全通するのは、昭和も20年になってからだ。ところが、宇和島駅開業は大正3年10月18日。どうして？

伊予と土佐を結ぶ予土線というJR路線がある。この前身の宇和島鉄道（軌間762ミリ・軽便）が、17㎞少々離れた近永まで汽車を走らせた。それが大正3年のこの日なのだ。そういうわけでこの駅は、愛媛県内のJR駅で最も古い停車場の一つとなっている。県都松山駅の開業は昭和2年4月3日だ。

宇和島鉄道1号機

宇和島駅の詩碑の近くに創業当時の軽便機関車1号機のレプリカがある。ドイツ・コッペル社製のC形タンクロコ。これが客貨車を牽いてゆっくりと走ったのだった。しかし、大和田は故郷に「汽笛一声」が鳴り響く前に世を去った。

明治維新前に宇和島藩士の長子としてこの地に生まれた建樹ではあるが、明治12年に上京し東京で活動したせいか、このまちには「生家跡」の小さな碑があるだけだ。

それでも、大和田は望郷の詩をいくつも書いている。駅前詩碑の「散歩唱歌」はこうだ。

わがふるさとの　城山に
父と登りて　ながめたる
入江の波の　夕げしき
忘れぬ影は　今もなお

そう、この詩碑を眺めながら、こんな〈うた〉を歌ってみたらどうだろう。原曲はスコットランド民謡だが、大和田が詩をつけた。明治二一年発行『明治唱歌　第一集』に収められている。題して「故郷の空」――。

夕空晴れて　秋風吹き
月影落ちて　鈴虫鳴く
思へば遠し　故郷の空
ああ　わが父母　いかにおはす

いい歌だけれど、明治ははるか遠くになったようだ。

❼ 東犀川三四郎駅〈平成筑豊鉄道〉

夏目漱石（慶応3～大正5）の代表作の主人公の名にちなんだ小駅がある。第三セクター平成筑豊鉄道田川線「東犀川三四郎駅」。平成5年3月18日開業。日豊本線行橋から8・2㎞の地点にある。駅というよりも停留所といった方がいいような駅だ。

平成筑豊鉄道は、国鉄分割民営化（昭和62）の翌々年、年号が「平成」になった年の10月に誕生した。旧国鉄時代の伊田線（直方・田川伊田間）・糸田線（金田・田川後藤寺間）・田川線（行橋・田川伊田）をそのまま継承して、営業している。総延長49・2㎞。

この駅は新しいけれど、田川線は明治28年8月15日の開業だから、かなりの歴史がある。旅客を輸送するよりは筑豊の良炭を満載した列車が、かつては門司の港へと力強く走っていた。

明治40年8月の末あたりか、熊本の高等学校を了えた小川三四郎という青年が、田川線の犀川駅あたりから汽車に乗った。東京の大学へ進学するためである。彼は行橋から門司へ、連絡

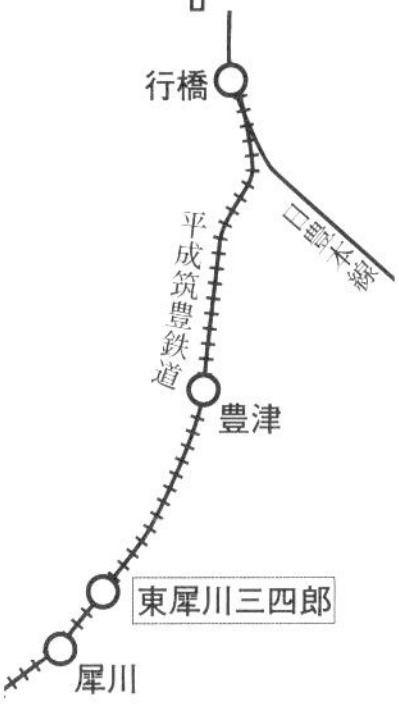

船で下関へ、さらに19時10分発新橋行16列車に乗車し、神戸あたりで下車して名古屋着の汽車に乗ったのではないか。

何故犀川か。実は小川三四郎君のモデルは、漱石の門弟の小宮豊隆（明治17〜昭和41）とされていて、このドイツ文学者で評論家の故郷が福岡県京都《みやこ》郡犀川村なのである。そして、漱石は三四郎に名古屋の宿の宿帳に「京都郡真崎村」と書かせた。真崎村は実在しないけれど「京都郡」は一致する。とすれば、新駅を設置するにあたって、地名と三四郎を結びつけたのも、なるほどと思われる。

一面だけのプラットホーム

文学者名や作品名を駅名に冠することなどめったにない日本の鉄道では、珍しい快挙（?）ではないかと、私は思っている。

一見の価値ありと思ってでかけた。行橋から富士重工製のディーゼルに揺られて。2ドアのワンマンカーは、残念ながら超ロングシート。田園の中を走ること十五分。到着。

片側一面のホームは長さ60ｍくらいあるか。鉄骨を組んだ上にコンクリートのプレートを載せただけの簡素な作りで、中央部分に陸屋根がある。そして、何よりも立派なのは、駅名の由来を示すボード。ベンチ後方の壁面に鎮座している。

私が訪れたのは95年の7月だった。駅周辺には店も住居も見あたらぬ。遠く南の方に旧家らしい屋敷が見えるが、そこまではるかに稲田が拡がる。北側に今川が流れている。川面からの夏の風が田の面をそよいで涼しさを送ってくる。十数年経ったが、この風情はさほど変わっていないだろう。

ふっと気がつくと、駅名標の下の方に小さく一句記されていた。

眼覚めては青田眺むる帰省かな

小宮氏の句。三四郎もこんな思いにとらわれて、母のもとに帰って来たのではないか。03年に平成筑豊鉄道は枕木オーナーを募集した。私は応募した。私の氏名と著書名を記したプレートの貼られた枕木が、この駅の構内にある。

吉井勇の短歌に「かにかくに祇園はこひし寐《ぬ》るときも枕の下を水のながるる」という一首があるが、祇園に縁のない私は、せめて枕の上にレールを刻む車輪の音を聞くことで、安らかな眠りにつくことができる。

❽ 豊後竹田《たけた》駅〈豊肥本線〉

ＪＲ九州の熊本・大分間１４８㎞を結ぶ路線として、豊肥本線がある。火の山阿蘇山腹を通過するので、観光線としても賑わっている。

大分から６０㎞、特急列車で一時間程揺られると豊後竹田という旧城下町の駅に着く。プラットホームに〈うた〉が流れる。滝廉太郎（明治12～36）作曲の「荒城の月」。そう、ここは廉太郎ゆかりのまちなのだ。

この曲は東京で作曲されたが、曲想はこのまちの岡城趾の情趣から得られたという。作詞の土井晩翠は詩想を仙台青葉城あるいは会津の鶴ケ城あたりから得たといわれるが、それはさておき、このホームの上に岡城が小さく復元され、石垣にこんなことばが刻まれているのがうれしい。

「名水のように　日本人の心に流れる『荒城の月』を歌い継ぎたい。」

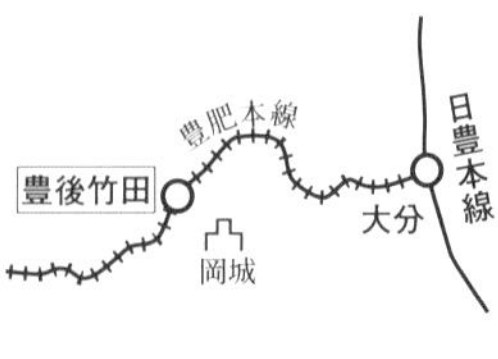

豊後竹田駅　列車が到着すると「荒城の月」が流れる

ホームの上の小さなお城がいつ頃建てられたのかは見落としてしまった。しかし、昭和62年12月にリニューアルされた駅舎は、岡城をイメージした入母屋作りの城郭風の建築で、名曲の流れる停車場にふさわしい趣だ。

この駅に「荒城の月」が流れ始めたのは、かなり前からのようだ。川端康成（明治32〜昭和47）の『千羽鶴』（昭和27）の続篇ともいうべき、『波千鳥』という未完の作品が昭和28年に書かれているが、この中で作者は若い女主人公を男と訣別させるためひとり九州に旅立たせ、この竹田を訪れ駅前で「荒城の月」を聞かせて、こんなことを語らせた。

……二人（晩翠と廉太郎）は美しい唱歌を残しました。「荒城の月」を歌わない人は今もありません。ですけれど、私はいちどあなたにおあいして、なにを残しましたのでしょう。——滝廉太郎のような天才の子を……。私はふとそう思った自分に

おどろきました。（中略）

竹田駅で「荒城の月」を聞いて、私はあのころのおののきを思い出したに過ぎません。

作者は前年の秋、大分県の招待でこの一帯を歩いた。おそらく、この停車場に流れる〈うた〉に耳を傾け、主人公に語らせたのだ。とすれば、〈うた〉は半世紀以上にわたって流されていることになろう。

廉太郎は東京生まれである。竹田に滞在したのは明治24年暮から27年の春までだ。父が直入郡の郡長を拝命し、郡の中心だったこのまちへ移り住んだ。鉄道はまだない。足の便は馬車にたよるしかなかった。

二年半ほどしか滞在しなかったのに、竹田の人たちは廉太郎と「荒城の月」をこよなく愛し、かなり老朽化していた郡長官舎を解体して復元、廉太郎記念館とした。竹薮の中にしっとりとたたずむ日本風家屋である。

没後百年（平成15）の暮、私は館を訪れた。そして故人を偲んだ。ふと気づくと門を入った右手にバラの木があった。メンデルスゾーンという名。廉太郎が留学したライプチヒ王立音楽院

荒城の月　　土井晩翠作詞
滝廉太郎作曲

一、春高楼の花の宴
めぐる盃《さかずき》かげさして
千代の松が枝《え》わけいでし
むかしの光いまいずこ

二、秋陣営の霜の色
鳴きゆく雁《かり》の数見せて
植うるつるぎに照りそいし
むかしの光いまいずこ

三、いま荒城のよわの月
替《かわ》らぬ光たがためぞ
垣に残るはただかづら
松に歌うはただあらし

四、天上影は替らねど
栄枯は移る世の姿
写さんとてか今もなお
鳴呼《ああ》荒城のよわの月

は、メンデルスゾーンが創立したとか。その縁で国際メンデルスゾーン学会によって、寄付された花という。

　このバラの美しく咲く宵、山の端に上る月の光を愛でつつ、「荒城の月」の音色に耳を傾けながら、盃をめぐらせてみたい。館に尺八を吹く廉太郎像があるから、尺八の演奏もすばらしいであろうが、ジャン・ピエール・ランパルのフルートがいい。リリー・ラスキーヌのハープとの共演のＣＤ版があるが、あれがいい。冴えた音色が月光と共鳴しあって、至福の時が流れるんじゃないか。そんなことを考えた。

　そしてそのフルートの音色は、列車の汽笛とも呼応しあって、この豊後竹田駅を祝福するであろう。

♯　♭　♯　♭　♯　♭　♯　♭　♯　♭　♯　♭

第7章

映画にでてくる駅

◎

臼井幸彦

1　はじめに

駅は世相を色濃く反映する場所であり、そこには世代を超えてさまざまな人々の人生が行き交う。希望と失意、喜びと悲しみ、出逢いと別れ……。ホームやコンコースには市民や旅行者の生々しい息づかいがあり、そこに佇むと、ときに見知らぬ人にも生きることへの共感を覚える。

駅には日常と非日常が共存する。通勤・通学の日常の舞台であると同時に、人生を決める旅立ちの舞台ともなり、数十年ぶりの故郷への帰還のゲートともなる。駅は洋の東西を問わず、人生のハイライトに真っ先に召喚される、都市のもうひとつの劇場である。

それだけに駅は映画の舞台としてよく登場し、駅の名場面を挙げれば限りがない。しかし、駅が舞台になると、主人公は、観客の心の襞《ひだ》に触れるどこか憂いを帯びた人物がふさわしく、特に恋愛映画では、幸せな恋よりも悲恋や不倫愛など複雑で悩ましい恋がよく似合う。それは鉄道一八〇年の歴史の中で、市民と駅の間に結ばれたある種の信頼関係が、苦悩する主人公の

ラ・シオタ駅　世界で最初に映画に登場したラ・シオタ駅の駅舎とホーム

心の支えになるからだろう。

　このように駅と映画の間には、絶妙ともいえる関係が生まれているが、その関係は既に映画誕生の時から始まっている。

　ルイ・リュミエールは一八九五年、動く映像の撮影と現像、映写の機能を備えた機械「シネマトグラフ」を発明した。そして自ら映画を撮影し、一八九五年一二月二八日、パリ、キャプシーヌ通り一四番地にあるグランカフェの「インディアン・ルーム」で一般公開を行った。この日が一般的に、映画誕生の日とされている。

　ルイ・リュミエールは最初の上映までに五〇本程の短い映画を作っていたが、その中でもシネマトグラフの一般公開の翌年に上映された映画『ラ・シオタ駅への列車の到着』は特に衝撃的だった。客車を牽いてホームに進入するスクリーン上の蒸気機関車を見ていた多くの観客は、轢《ひ》かれるような錯覚に襲われ、思わず座席の下に潜ったと言われている。この映画が撮られたラ・シオタ駅はフランス、マルセイユの南東に位置する港町ラ・シオタの駅で、マルセイユ〜トゥーロン間に位置する閑静な小規模駅（写真）。こうしてラ・シオタ駅が映画に登場した世界で最初の駅となり、「駅と映画の絶妙な関係」を創り出す嚆矢《こうし》となった。

2　駅の映画的魅力

駅の形式と構造

日本と西欧の大都市駅では駅の気配がどこか異なっている。それは駅の形式と構造の相違によるものだろう。駅の形式は都市の成り立ちと密接に関係しているが、西欧の大都市駅では頭端《とうたん》式駅が多く、日本では通過式駅が多い。頭端式とは線路が行き止まりになっている駅でホームは櫛型になり、駅舎は線路と直角に配置されるのが一般的である。通過式とは線路が駅を貫通した駅で、ホームは細長い長方形になり、駅舎は線路に平行に配置される。そして西欧の頭端式駅の多くは伝統様式の荘重な駅舎と、その背後のホームを覆うトレイン・シェッドで構成されている。トレイン・シェッドはガラス屋根とそれを支える大スパンの鉄骨リブと装飾性豊かな列柱で構築され、豊かな大空間になっている。トレイン・シェッドには駅が担ってきた街の歴史や文化と共に、駅に集散する人々のさまざまな想いが込められているためか、旅先では思わず自分自身をその空間に託したくなる。停車する列車と行き止まりになった線路も到着と出発の情感を際立て、それらにそそられる旅情も否応なく高まってくる。そして時間の表徴に満たされた駅空間の象徴として、駅舎正面にほぼ例外なく設置された大時計にも深い感慨が湧く。

異郷への旅立ちや、異郷へ降り立つことで迎える主人公の新たな人生は映画の主題になりやすく、その舞台として情感豊かな西欧の駅の映画的魅力は特に大きいものがある。

駅の旅立ちとラストシーン

映画では、旅立ちの駅はラストシーンに、降り立つ駅はファーストシーンに使われることが多い。映画にとってその導入部分と結尾部分は構成上極めて重要な意味をもつ。そこに駅が使われるということは駅が如何にドラマ性に富み、映画的魅力を備えているかを物語っている。しかもファーストシーンとラストシーンの両方に駅が使われ、まさに駅で始まり、駅で終わる映画も多い。

降り立つ駅は旅立ちの駅があって成り立つもので、旅立ちの駅の後には必ず降り立つ駅が待っている。ラストシーンに旅立ちの駅が使われる場合は駅を降り立った後の主人公の人生は観客が想像するしかない。ラストシーンはそれまでの登場人物達の葛藤が何に収斂していくかを暗示し、主人公は観客の心の中で人生を歩み始める。ラストシーンは作品の価値を決めるという点で非常に重要で、観客にとっては主人公のすべてがラストシーンから始まることになる。主人公の運命が観客の手中に任されるという点でラストシーンの駅の印象は観客に強い影響を与える。それだけにファーストシーンの降り立つ駅よりも、どちらかといえばラストシーンの旅立ちの駅に強く惹かれ、主人公の運命に思わず自分自身を重ねてしまうことになる。

3　映画にみる駅の名場面

ここでは駅が舞台となるおびただしい数の映画の中から、駅が名場面の舞台となり駅が特に印象的な欧米の駅一〇駅と日本の駅二駅を採り上げて、駅と映画の絶妙な関係を紹介する。

〈パリ・リヨン駅〉

フランス映画の場合、登場する機会の多い主要都市と言えばパリであり、他のヨーロッパの主要都市にくらべてもその頻度は圧倒的に多い。それはスタジオ撮影を排除し、フランス映画界を席巻したヌーヴェル・ヴァーグの映画がパリの街を舞台としたことの影響も大きい。その結果、映画の舞台となる駅もパリの駅が多くなる。

パリには六つの終端駅があることはよく知られているが、その中でも特にパリ・リヨン駅は古典的映画から現代映画まで実に多くの映画に登場し、私が観たものだけでも一〇本を軽く超えている。

パリの各終端駅には、かつての上野駅がすでに幾分かは東北地方であったように、どの駅にも遠い旅先の風土や香りが漂っている。リヨン駅はプロヴァンスを予感させ、旅立ちの静かな華やぎを感じさせる。

リヨン駅は前述した西欧の駅を代表する典型的な頭端式駅。現代性も滲む伝統様式で、時計塔が印象的な駅舎と豊かなトレイン・シェッド空間から構成されている。映画の中では多くの場合、端正な駅舎外観やトレイン・シェッド空間が鮮やかに映し出されるが、リヨン駅の場合、特筆されるのは駅のレストラン「ル・トラン・ブルー」。アール・ヌーボー風の装飾的な家具や照明、天井画を描いた豪奢な内装はベル・エポックを代表するもので、歴史的記念建造物にも指定されている。壁面にはパリから遠く地中海にいたる鉄道沿線の風景がフレスコ画で描かれている。『ママと娼婦』（七三年、ジョン・ユスターシュ・仏）、『ニキータ』（九〇年、リュック・ベッソン、仏）、『ヴァンドーム広場』（九八年、ニコール・ガルシア、仏）では、いずれもこのレストランが重要な舞台となる。

『ニキータ』では麻薬づけの不良少女ニキータ（アンヌ・パリロー）は警官殺しの果て、政府秘密工作員訓練所のボブにその天賦の才を買われ、存在を消された秘密工作員としての訓練を受ける。二三歳の誕生日、美しく成長したニキータをボブはル・トラン・ブルーに招待する。

パリ・リヨン駅

パリ・リヨン駅のレストラン、ル・トラン・ブルー

テーブルに着き、テタンジェのシャンパンで乾杯した後、プレゼントされたのが拳銃で、レストラン客の中にいる要人暗殺指令が下される。ニキータは任務を遂行し、レストラン内での激しい追撃の銃撃戦を見事にかわし帰還する。それはニキータには秘密工作員として、最後の卒業試験の場となった。その間、背景に華麗な室内空間が映し出され、殺戮行為の非情さと空しさを際立たせている。

〈パリ・サン・ラザール駅〉

ノルマンディ方面からの列車が着発するパリのもうひとつの終端駅サン・ラザール駅も映画に登場する機会が多い。サン・ラザール駅の駅舎は荘重で堂々とした古典主義建築様式で、駅舎正面のローマ通り側にあるアーケードを潜ったところに古典的デザインの石造高欄を持つ三つの階段が並んでいるが、映画ではこの階段が舞台になることが多い。

『男と女』（六六年、クロード・ルルーシュ、仏）、『リトル・ロマンス』（七九年、ジョージ・ロイ・ヒル、米）、『ディーバ』（八一年、ジャン＝ジャック・ベネックス、仏）などにこの階段が登場するが、特に『男と女』ではこの階段を使って感動的なエンディングが演出される。

パリ・サンラザール駅

多くの映画に登場するパリ・サンラザール駅の階段

それぞれに配偶者と死別し子供を持つ、スクリプトガールのアンヌ（アヌーク・エーメ）とカーレーサーのルイ（ジャン・ルイ・トランティニャン）が主人公。子供達の寄宿舎があるドーヴィルで二人はいつしか恋に落ちるが、一方でアンヌは前夫をどうしても忘れられず、二人の哀しい別れがノルマンディのトゥルヴィル・ドーヴィル駅のホームで演じられる。列車でパリに向かうアンヌを見送ったルイだが、諦めきれず自動車でサン・ラザール駅へ先回りする。ルイは車を駅前広場に停め、コンコースに繋がるこの階段を一気に駆け登り、列車からホームに降りたアンヌを熱い抱擁で迎え、映画は終わる。階段を駆け登るルイの後ろ姿はこの恋の激しさと切なさを伝えている。

『愛の昼下がり』（七二年、エリック・ロメール、仏）と『ふたりのベロニカ』（九一年、クシシュトフ・キエシロフスキ、仏・ポーランド）でもサン・ラザール駅の階段が登場するが、『男と女』で使われた階段とは異なっている。『愛の昼下がり』では駅舎正面の中央部分にある階段、『ふたりのベロニカ』ではアムステルダム通りに通じる駅舎側面の階段のようだ。

階段の高低差で生じる「ここ」と「あそこ」のふたつの空間概念は空間にさまざまなドラマを生み、生気をもたらすため、ふたつの空間概念の操作によって大きな演出効果が期待できる。

西欧の頭端式駅ではホームから駅前広場まで縦移動がない駅が一般的で、それだけにこの階段がドラマの喚起装置としてサン・ラザール駅を個性的なものにし、舞台装置としての映画的魅力を増している。

〈ロンドン・キングス・クロス駅〉

世界的ヒット作品『ハリー・ポッターと賢者の石』(〇一年、クリス・コロンバス、米)のハリー(ダニエル・ラドクリフ)の旅立ちの舞台がロンドンのキングス・クロス駅。生後間もなく、両親を亡くし、意地悪な叔父の家にやっかいになっていたハリーが一一歳になった時、魔法魔術学校入学のため、キングス・クロス駅の九と四分の三番線ホームからホグワーツ特急で旅立った。ハリーが九番線と一〇番線のあるホームの煉瓦壁に向かって突き進み、壁面に消えるとホグワーツ特急が待機する九と四分の三番線ホームに到達する。ホグワーツ特急の終着駅は魔法魔術学校のあるホグワーツ駅で、ノース・ヨークシャー・ムーア鉄道のゴースランド駅が使われている。ラストシーンはハリーが夏休みを過ごすため、再びロンドンへ戻るホグワーツ駅の旅立ち。ふたつの駅の旅立ちシーンが、この間のハリーの成長をさり気なく伝えている。

キングス・クロス駅

キングス・クロス駅にはヨーク、ニューカッスルといったイングランド北東部、エディンバラ、アバディーンといったスコットランド東部の都市への列車が発着する。ロンドンにある主要な十三の終端駅のひとつで、映画ではその内部が詳細に映し出される。トレイン・シェッドはホームに連なる煉瓦壁とそこから立ち上がる鉄骨半円アーチに架けられたガラス屋根で構成されている。

ハリー・ポッター・シリーズの第二作『ハリー・ポッターと秘密の部屋』（〇二年、クリス・コロンバス、米）、第三作『ハリー・ポッターとアズガバンの囚人』（〇四年、アルフォンソ・キュアロン、米）でもハリーはキングス・クロス駅から魔法魔術学校へ旅立って行く。第二作では隣接するセント・パンクラス駅のゴシック・リヴァイヴァル様式の美しい駅舎外観も映し出される。

〈ローマ・テルミニ駅〉

ローマ・テルミニ駅が舞台となる映画と言えば、現在のテルミニ駅舎の完成を記念して企画された古典的名作『終着駅』（五三年、ヴィットリオ・デ・シーカ、米・伊）をまず思い出す。夫と娘をもつアメリカ人女性メアリー（ジェニファー・ジョーンズ）とローマ滞在中のガイドであった青年ジョヴァンニ（モンゴメリー・クリフト）の情事とその別れが描かれる。ほとんど最初から最後までテルミニ駅構内が舞台となり、駅施設の様子が執拗に映し出される。冒頭のクレジットの背景から、テルミニ駅の軽やかなラインの大屋根を持つ近代建築の駅舎外観や駅前を走行する路面電車が登場する。

二人の恋はラストシーンの劇的な駅の別れで終わる。イタリア男との非日常の情事に溺れかけるが、そこからかろうじて脱け出し、結局は日常に戻っていくメアリー。駅長に家族の元に

ローマ・テルミニ駅

戻るよう諭されるまでもなく、駅が舞台の恋の葛藤を通じて非日常の価値よりも日常の価値の大切さに気づいたのだろう。ここでは駅は日常と非日常のインターフェイスになっている。

その他にもテルミニ駅が登場する映画は数多いが、『寄席の脚光』（五〇年、伊）、『白い酋長』（五一年、伊）、『フェリーニのローマ』（七二年、伊）、『ジンジャーとフレッド』（八五年、伊・仏・西独）など映画監督フェデリコ・フェリーニの作品が目立っている。北イタリアの小さな街、リミニ生まれの彼の作品では故郷リミニの海を思わせる海辺や憧れの都市ローマとそのゲートであるテルミニ駅がしばしば舞台となる。

〈ミラノ中央駅〉

ミラノ中央駅が登場する映画には『若者のすべて』（六〇年、ルキノ・ヴィスコンティ、伊・仏）、『夜』（六一年、ミケランジェロ・アントニオーニ、伊）、『ひまわり』（七〇年、ヴィットリオ・デ・シーカ、伊）、『みんな元気』（九〇年、ジュゼッペ・トルナトーレ、伊）などがある。いずれもイタリアが誇る名匠・巨匠の作品で、ミラノ中央駅の映画的魅力を物語る。

その中でもミラノ中央駅の壮大な駅舎とトレイン・シェッドの雰囲気をより直裁に伝えているのは『ひまわり』だろう。

『ひまわり』のテーマは戦争に引き裂かれた男女の悲恋。予備兵のアントニオ（マルチェロ・マストロヤンニ）とお針子のジョヴァンナ（ソフィア・ローレン）はナポリで出会い恋に落ちるが、アントニオのロシア戦線への出征で引き裂かれ、それぞれ別の道を歩み、それぞれに家庭を持つことになる。戦後、再会した二人は再び惹かれ合うが、思い悩んだ末、アントニオはロシアの妻マーシャ（リュドミラ・サヴェーリエワ）の元へと戻っていく。ジョヴァンナはかつての出征の日と同じようにアントニオをミラノ中央駅で見送る。動き出す列車の窓からジョヴァンナを見るアントニオの悲しげな目と悲痛な表情のジョヴァンナ。ヘンリー・マンシーニの音楽も心

ミラノ中央駅のトレイン・シェッド空間

に沁みて切なく悲しい。背景に映し出される太い鉄骨とガラスのヴォールト屋根が構成する大ホーム空間には、そこで演じられる主人公たちのさまざまな人生を全て飲み込んでしまう器量の大きさがある。

『若者のすべて』のファーストシーンでもこのトレイン・シェッドを光と影だけの遠景として捉え、一際荘重な空間映像を生み出している。『夜』では冒頭のクレジットの背景に、駅前のピレリ・ビルから俯瞰したと思われるトレイン・シェッドのヴォールト屋根が縞模様になり茫漠として広がっている。

〈トリノ・ポルタ・ヌオーヴァ駅〉

トリノ・ポルタ・ヌオーヴァ駅が舞台となる映画に『苦い米』（四八年、ジュゼッペ・デ・サンティス、伊）、『女ともだち』（五六年、ミケランジェロ・アントニオーニ、伊）、『みんな元気』（九〇年、ジュゼッペ・トルナトーレ、伊）、『いつか来た道』（九八年、ジャンニ・アメリオ、伊）などがある。低層部にポルティコを抱く伝統様式のポルタ・ヌオーヴァ駅舎は堂々として、中央大アーチとその中の五連の小アーチがファサード上面を飾っている。

『女ともだち』はトリノに洋装店を開くため、ローマから派遣された支配人クレリア（エレオノーラ・ロッシ・ドラーゴ）が主人公。トリノを故郷とするクレリアは店の建築技師の助手カルロ（エットレ・マンニ）と愛し合うようになる。カルロと結婚し、故郷に戻ることを一旦は決意するが、悩んだ末、仕事を選び再びローマに戻る。別れの舞台となるポルト・ヌオーヴァ駅構内のカフェや公衆電話ボックスなど駅内部の様子も映し出される。ジェノヴァ経由ローマ行の列車が発車する九番線ホームでの二人の別れは、これまで多くの映画で演じられてきた、切ない別れの情感が溢れる恋人たちの別れとは異質なものである。ここではカルロはクレリアに気づかれないように物陰からホームを離れる列車を静かに見送る。クレリアは列車の窓からカルロ

トリノ・ポルタ・ヌオーヴァ駅

の姿を探すが見つからず、落胆した表情のまま画面から消える。互いに顔を合わせることもない乾いた駅の別れとその光景は、アントニオーニ作品に顕著な愛の不毛と存在の不確かさを感じさせる。

『苦い米』はポルタ・ヌオーヴァ駅で始まる。モンディーナ（田植え女）で満員の特別列車がヴェルチェッリに向けて出発する。田植えの時期には近郊のモンディーナに依存していた米の一大生産地ヴェルチェッリの当時の実情が垣間見えて興味深い。駅のシーンは実際にはローマ・サンロレンツォ駅で撮影されている。

〈ニューヨーク・グランド・セントラル駅〉

世界の駅の中で、映画に登場した回数が最も多い駅はニューヨークのグランド・セントラル駅だろう。私が観たものだけでも二〇本程度になる。

ニューヨークには主要な鉄道駅として、グランド・セントラル駅の他にペンシルヴァニア駅（通称ペン・ステーション）がある。ペン・ステーションもグランド・セントラル駅に劣らずニューヨークを代表する駅であるにもかかわらず、それが舞台となる映画は『七年目の浮気』（五五年、ビリー・ワイルダー、米）、とアルフレッド・ヒチコック監督の『白い恐怖』（四五年、米）、『見知らぬ乗客』（五一年、米）くらいしか、思い浮かばない。しかもこれらの映画で使われた駅は地下駅の現ペン・ステーションではなく、古典的な建築様式で建てられた地平駅の前駅舎である。

いずれにしてもペン・ステーションはグランド・セントラル駅にくらべ、映画の舞台となる機会は極めて少ない。それは現グランド・セントラル駅がアメリカン・ボザール様式の荘重な歴史的建築物で、駅周辺の高層建築群の中にオアシス的空間を創り出しているニューヨークの象徴的建築物であるのに対し、ペン・ステーションはマディソン・スクェア・ガーデンの下に

ニューヨーク・グランド・セントラル駅

ある顔のない地下駅であることが要因であろう。

グランド・セントラル駅が登場する数多い映画の中でも、駅の映像が特に印象深いものとして『北北西に進路をとれ』（五九年、アルフレッド・ヒチコック、米）を挙げたい。

『北北西に進路をとれ』ではいきなり冒頭のクレジットの背景にグランド・セントラル駅の朝のラッシュが登場する。パリ・オペラ座の階段を模したといわれるコンコースの華麗な階段も通勤客で溢れている。スパイ一味と、殺人犯に間違えられて警察にも追われるロジャー（ケイリー・グラント）が謎の人物を追って行動を開始する。グランド・セントラル駅の象徴とも言えるコンコース空間の左右壁面に立ち上がるアーチの三連高窓の映像が画面一杯に拡がり、続いてインフォメーション・ブース、そして出札窓口の様子も映し出される。ロジャーは特急二〇世紀でシカゴに向かい、車中で知り合ったイヴ（エヴァ・マリー・セイント）と共にシカゴのラサール・ストリート駅で下車する。

〈ロサンゼルス・ユニオン駅〉

ロサンゼルス・ユニオン駅は映画の都ハリウッドに近いが、映画に登場する機会は他の駅とくらべてさほど多くはない。それはロサンゼルスが全米一の車社会で、鉄道駅は市民生活に縁遠いものであったという交通事情も要因のひとつだろう。しかし近年、都市圏輸送としての鉄道が見直され、現在、ユニオン駅にはアムトラックの他に、地下鉄も乗り入れている。

ユニオン駅が舞台となる映画の中では『ニック・オブ・タイム』（九五年、ジョン・バダム、米）が駅の外観、内観を含め、その詳細を最も積極的に映像化している。

『ニック・オブ・タイム』では冒頭のクレジットの背景に、駅の時計塔内部の駆動する機械が拳銃の発射装置のイメージに重なり合うように描かれる。カメラは静かに外部に移動し、画面一杯の時計の文字盤、そして時計塔と駅舎の外観全体を映し出し、画面はアムトラックの

ロサンゼルス・ユニオン駅

ダイナミックな走行シーンに移行する。題名にふさわしい緊迫感のあるファーストシーン。南カリフォルニアスタイルの白い外観に、スペイン風様式でアール・デコの影響を感じさせる時計塔が特に象徴的だ。

妻を亡くした会計士のジーン・ワトソン（ジョニー・デップ）が幼い娘リン（コートニー・チェイス）とともに新天地を求めて、ロサンゼルス・ユニオン駅の九番線ホームに降り立った。ホーム、出札オフィス、コンコース、案内表示板、時計など駅内部の様子が主人公の動きに併せて執拗に映し出され、目を離せない。チケット・オフィスでワトソンはスミス（クリストファー・ウォーケン）等に拉致され、知事暗殺計画に巻き込まれていく。

〈フィラデルフィア三〇丁目駅〉

フィラデルフィア三〇丁目駅の駅舎もアメリカの鉄道全盛期の華やかな雰囲気の内部空間を持っている。外観は壮大であるものの、やや味わいに欠けるが内部空間の華麗さは格別で『ミッドナイトクロス』（八一年、ブライアン・デ・パルマ、米）や『刑事ジョン・ブック　目撃者』（八五年、ピーター・ウェアー、米）、『イン・ハー・シューズ』（〇五年、カーティス・ハンソン、米）などが具《つぶさ》に映し出す。中でも『刑事ジョン・ブック　目撃者』の空間を舐めるような映像は生々しい。

ペンシルヴァニア州ランカスターからアムトラックでボルチモアに向かうヒロイン、レイチェル（ケリー・マクギルス）とその幼い息子サミュエル（ルーカス・ハース）が乗り換え列車の遅延のため、駅の待合室で三時間も待つことになる。レイチェルが座るベンチの背後には壁面を飾るレリーフ「交通の精霊」が静かに息づき、巨大な待合い空間に異彩を放っている。

待っている間にトイレに入ったサミュエルがそこで起きた殺人現場を目撃し、主人公の刑事、

フィラデルフィア 30 丁目駅

ジョン・ブック（ハリソン・フォード）が事件の捜査を開始する。トイレに行くまでの間、好奇心に溢れたサミュエルは初めて見るコンコース内を歩き回るが、それに連れて画面には天井の高い壮麗なコンコース空間が映し出される。堂々と立ち並ぶ列柱の柱身には細かい溝が刻まれ、柱頭にはアカンサスの葉を思わせる古典的な装飾が施されている。このコンコース空間の中で特に象徴的なものは中央高く据えられた天使の彫像で、それを眺めるサミュエルの表情にも畏怖の念が浮かんでいる。

〈シカゴ・ユニオン駅〉

シカゴ・ユニオン駅が舞台になる映画には『スティング』（七三年、ジョージ・ロイ・ヒル、米）、『アンタッチャブル』（八七年、ブライアン・デ・パルマ、米）、『父親たちの星条旗』（〇六年、クリント・イーストウッド、米）などがある。

シカゴ・ユニオン駅のコンコース棟は空中権開発のために取り壊されて、オフィスビルとなったが、コンコースの機能は中二階部分を含む地下二層で確保された。生き残ったメイン・ホール棟とは道路を挟み地下レベルで結ばれている。メイン・ホールでは大理石の床、壁とコリント式の柱が創り出す荘重な空間に、装飾性豊かな照明器具や長い木製ベンチが静かに息づいている。地平のエントランスからメイン・ホール棟に入って主待合室に降りるところに壮麗な大階段がある。この大階段は珍しい駅形態が生んだ駅舎内部の高低差をドラマチックな空間に変えている。

『アンタッチャブル』ではこの駅の大階段が舞台となり、激しい銃撃戦が繰り広げられる。アンタッチャブルとはマフィアの甘い誘惑に負けず、果敢に取り締りを続けた財務省特別捜査官チームの名誉あるニックネーム。そのリーダー、エリオット・ネス（ケビン・コスナー）はカポネ逮捕の鍵となる帳簿係が列車で連れ去られるという情報に、部下を連れ駅で一味を待ち伏せる。そこからかの有名な階段シーンが始まる。映画『戦艦ポチョムキン』（二五年、セルゲイ・

シカゴ・ユニオン駅の大階段

M・エイゼンシュテイン、ソ連）のオデッサの階段シーンの引用と言われているが、エイゼンシュテインへのオマージュだろう。銃撃戦の最中、幼児を乗せた乳母車が大階段をガタンコトンと転がり落ちる。幼児の無垢で無邪気な表情が殺戮行為の悲惨と非情を際立たせる。

〈東京駅〉

東京駅も多くの作品の舞台となっているが、名匠、小津安二郎の作品、『早春』（五六年）と『彼岸花』（五八年）に登場する東京駅が印象的だ。

『彼岸花』のクレジット直後のファーストシーンは東京駅のファサード壁面のクローズアップ。その後、カメラはホーム側（八重洲側）から東京駅の背後を映し出す。その屋根の向うには新丸ビルと右端に日本工業倶楽部ビルが僅かに見える。この東京駅の背後から駅の向うに見える丸の内の景観は小津がよく使う構図で、『早春』でも同様な映像が映し出される。しかしカメラの位置がやや有楽町寄りで、駅の屋根の向うには丸ビルと新丸ビルの両方が見えている。これらのビルはいずれも建て替えられて、当時の姿を現在では見ることが出来ない。『早春』に映し出される東京駅とその周辺の様子は、高度経済成長期にさしかかった首都・東京が過密

東京駅

都市へ変貌しつつあった頃の東京駅の賑わいと、そこで働く日本のサラリーマンの悲哀を伝えている。

小津のこうした東京駅とその周辺の描写は、映画の舞台をそれとなく観客に知らせる実に効果的で、巧みな演出である。『彼岸花』では結婚式が執り行われているホテルの所在を、『早春』では主人公の職場の所在を教える。街のランドマークとしての駅の場所性には誰もが持っている共通の想いがあり、駅の映像はその場所で駅が担ってきた街の歴史や文化を伝えるメッセージにもなっている。

『彼岸花』では東京駅のファサード壁面を映し出した後、新婚カップルの見送りで賑わう東京駅一二番線が登場する。案内板は湘南電車、一五時二一分発、沼津・伊東行き、普通電車一五両編成と表示している。そしてカメラは東京駅近くのホテルで行われている結婚披露宴の様子に移行し、何気なく当時の日本の結婚に関わる風俗や伝統を伝えている。

〈上野駅〉

上野駅が登場して印象的な映画には、『晩菊』（五四年、成瀬巳喜男）、『美わしき歳月』（五五年、小林正樹）、『女中っ子』（五五年、田坂具隆）、『一粒の麦』（五八年、吉村公三郎）、『ゼロの焦点』（六一年、野村芳太郎）、『ALWAYS　三丁目の夕日』（〇五年、山崎　貴）などが挙げられる。

『晩菊』では、北海道に就職が決まり、旅立つ一人息子の清（小泉博）が乗る列車を、母たまえ（細川ちか子）と友人のとみ（望月優子）が、上野駅構内の線路を跨ぐ陸橋、両大師橋の上から見送る。

『美わしき歳月』でも若い医師、今西（木村功）が秋田の伝染病研究所に勤務するため、恋人の桜子（久我美子）とともに上野駅から旅立つ。母（沢村貞子）と妹、紀久子（野添ひとみ）らが、『晩菊』と同じように、両大師橋の上から二人を乗せた列車をいつまでも見送っている。いずれも「旅立ちの駅」になっているが、東京の北の終端駅である上野駅の北海道や東北地方への

上野駅コンコース

旅立ちにはどこか寂しさが付きまとう。

『女中っ子』と『一粒の麦』は高度成長期にさしかかった当時の日本の世情を映し出して懐かしい。東北地方から若い労働者が次々と上京し、上野駅はまさに「降り立つ駅」となり、そこから彼らの新しい人生がスタートした。『女中っ子』では秋田県から東京に働きに出てきた、はつ（左幸子）が降り立ち、『一粒の麦』では福島県の中学校を卒業した少年少女たちが中学校の井上先生（菅原謙二）に引率されて集団就職列車で降り立った。

『ALWAYS　三丁目の夕日』は昭和三三年の東京が舞台。VFXにより見事に当時の街と風俗が再現されている。ここでも星野六子（堀北真希）は鈴木則文（堤真一）が経営する自動車修理工場に就職するため、同級生達と集団就職列車で降り立った。

　首都東京の北の玄関口であった上野駅は「旅立ちの駅」、「降り立つ駅」として、その時々の想いを託すことのできる優れた個性と雰囲気を備えていた。しかし、近年、終端駅としての役割が薄れるにつれ、上野駅が映画に登場する機会が少なくなったようで寂しい。

4　あとがき

　今回採り上げた「映画にでてくる駅」は欧米の大都市駅一〇駅（仏二、英一、伊三、米四）と日本の大都市駅二駅だが、映画の舞台となった印象的な駅は世界中に限りがない。そこに共通するのは、駅は人々にイメージされるものであり、そのイメージは出逢いや別れなど駅を行き交う人々のさまざまな想いや体験から生まれていることである。そして駅のイメージの中に人それぞれが抱く駅の「駅らしさ」が息づき、「駅と映画の絶妙な関係」を構築している。

　「駅らしさ」が濃密なほど、映画は鮮やかに陰影を帯びて、観客に深い感銘を与える。それだけに、これからも駅の「駅らしさ」を大切に培い、「駅と映画の絶妙な関係」がさらに絶妙なものとなり、私たちを楽しませてくれることを期待したい。

第8章

絵画に描かれた駅

◎

三浦　篤

数年前のことだが、鉄道に関係する作品（絵画、版画、写真など）を世界中から集めて、「鉄道と絵画」（東京ステーションギャラリー他、二〇〇三～二〇〇四年）という展覧会を組織したことがある。産業革命以後の近代社会において「鉄道」が重要な存在であったのは言うまでもないことだが、鉄道というテーマが美術の領域にまで広く波及していた事実はさほど知られてはいない。このときはヨーロッパ、アメリカ、日本国内からさまざまなタイプの作品を借用して、比較展示することにより、「鉄道絵画」の実態を把握することができて、興味深い内容に仕上がったと思う。その中には、確かに駅を表した絵が少なくなかった。

1　駅を描くこと

鉄道が絵画の主題やモチーフになる場合、その作品は我々が予想する以上に多岐にわたっている。蒸気機関車そのものを描く場合もあるが、車内の乗客をクローズアップすることもあり、また線路、鉄橋など鉄道をめぐる風景を表す作品もある。そして、鉄道の駅を描くことにも画家たちが魅力を感じていたことは、残された作品から見て間違いないところであろう。画家たちが駅を描くことにはどのような意味があるのか。

一九世紀から二〇世紀にかけて、画家たちが鉄道の駅を描く際、最初の主要な動機は二つあったと考えられる。

まず、駅は人の出会いと別れの場である。駅頭やプラットフォームに見られる不特定多数の群衆は、近代に出現した新しい主題と言ってよいが、そこで展開されるドラマチックな人間模様こそが、画家たちにとって格好のテーマとなった。駅は旅立ちや帰郷の重要な通過点として必ず介在する場所であり、家族や恋人の見送りや出迎えの場面には人生の哀歓が凝縮されている。物語的な内容を含む風俗画の新しい展開に駅という場所は大きく貢献したのである。

また、駅は近代都市を象徴する建築物でもある。十九世紀にフランスの詩人テオフィル・ゴーティエが「現代のカテドラル」と形容した壮大な駅舎は、町のランドマークとして中世の大聖堂に匹敵するような存在感を放っていた。駅は多数の人々が行き交い、大量の物資が輸送されるエネルギッシュな結節点であり、他の都市や異国へと開かれた文明の窓でもあった。近代都市のダイナミズムを表現しようとする画家たちにとって、駅は最適のモチーフを提供してくれたと言えよう。

ウィリアム・パウエル・フリス《鉄道の駅》1862年、油彩・画布、エガム（サリー州）、ロイヤル・ホロウェイ・カレッジ

ここでは、鉄道の駅を絵画に描く意味とその多彩な表現について、具体的に作品を取り上げながら述べてみたい。

2 フリスの《鉄道の駅》と新風俗

十九世紀イギリスの鉄道絵画は、ロンドンから西に延びてブリストルに達する路線、グレイト・ウェスタン鉄道をめぐって展開する。最初の偉大な鉄道絵画とも言うべきジョゼフ＝マロード＝ウィリアム・ターナーの《雨、蒸気、速度――グレイト・ウェスタン鉄道》（一八四四年）の舞台となったのは、テムズ河に架けられたメイドンヘッドの橋であった。そして、ヴィクトリア朝を代表する風俗画家ウィリアム・パウエル・フリスが、一八六二年に描いた《鉄道の駅》は当時大変な評判をとった作品であるが、こちらの舞台もまたグレイト・ウェスタン鉄道の発着駅であるロンドンのパディントン駅にほかならなかった。

パディントン駅の駅舎は鉄骨とガラスを用いた当時の最新建築であった。難工事で知られたあのメイドンヘッドの橋も設計した、グレイト・ウェスタン鉄道の設計技師ブルネルの手になる建物で、一八五四年に完成した。フリスの絵を見れば、確かに鉄骨とガラスに支えられた蒲鉾形《かまぼこがた》の内部空間を認めることができる。ただし、簡素さと装飾性を合わせ持つ駅舎の描写に関しては、フリスは建築専門の画家の助力を仰ぎ、あくまでも背景として目立たぬように描かせたのである。しかも、群集の背後に見え隠れする蒸気機関車の存在も控えめで、さほど画家の関心の対象となってはいないように見える。すなわち、この絵の主人公はあくまでも前景の人物たちで、鉄道や駅舎は目新しいモチーフとはいえ、結局は引き立て役に過ぎないのである。

実際、プラットフォームは旅行客や見送りの人々でごったがえし、多彩な場面が繰り広げられている。乗り遅れまいと息せききって駅に駆けつけた人たち、別れの接吻を交わす母と子、新婚旅行に出かける晴れやかなカップルと見送りの一行等々。出会いと別れの場所である駅に特有の、人々の身振りや表情が実に面白い。さらに画面右端には、高飛び寸前の犯罪者が私服刑事に逮捕されるというひとこまも挿入され、思いがけない変化が与えられている。新しい風俗主題に、当代の人気画家が思う存分腕をふるったという内容である。

こうして、現代生活の一情景として駅舎内の風俗場面を巧みな手腕で描いたフリスだが、この絵に関して次のように述べているのを忘れてはならない。「私はパディントン駅がピトレスク［絵のよう］だと呼ばれるとは思わないし、また普通の旅行者の服装は画家にとって大きな魅力を持つと言えるとも思わない」。鉄骨とガラスの建築は一般には絵画の対象となるような美しいものとは見なされていなかったし、画家たちは好んで一般の服装を描いたわけではなかったのである。「鉄道の駅」という主題が伝統的な美の範疇と相いれないことは、画家自身が充分意識しており、我々の生きる現在の美意識との大きな落差を感じさせる。今では駅の建物を美しいと言うのに躊躇はしないし、普段着では絵にならないなどという発想もあり得ない。最初は蒸気機関車が黒くて醜いので絵にならないと見なされたように、駅もまた簡単には絵画の対象にはなり得なかったことがわかる。

したがって、《鉄道の駅》におけるフリスの興味と戦略は、老若男女さまざまな人物が登場する面白そうな逸話的な場面を組み合わせて、見飽きない作品として構成することにあった。ディケンズの小説さながらの物語性を付与して、分かりやすい心理表現を心がけたのである。

いたっては現職の私服刑事を使ったと画家自ら語っている。駅頭の群衆の人生模様を現実感とともに表現することに、フリスの関心は集中していたと言えよう。

このように、駅を背景に風俗場面や人間ドラマが展開するというタイプの作品は数多い。若い女性がクリミア戦争に従軍する婚約者をプラットフォームで見送る場面を情緒たっぷりに表したロバート・コリンソンの《歩兵隊への別れ》(一八七〇年、英国国立鉄道博物館)、スコットランドで狩猟を楽しむために出発する上流階級の人々が駅に集う情景を、フリスばりに丁寧に描き込んだジョージ・アールの《北へ向かう、キングス・クロス駅》(一八九三年、英国国立鉄道博物館)など、作例を挙げることは難しくない。同種の風俗画がイギリスだけではなく、他国にも存在するのはもちろんである。しかし、隣国のフランスでは、いわゆる風俗画とは異なるタイプの作品が印象派の画家たちによって描かれることになる。

3 モネの《サン=ラザール駅》と近代性

十九世紀パリの主要な鉄道駅のうち、絵画と最も密接な関係をもつのは、オペラ座の北西に位置するサン=ラザール駅（当初は西駅）で、一八三七年に開通したパリ〜サン=ジェルマン・アン・レイ線の発着駅として機能していた。サン=ラザール駅を出発した列車は直ぐにヨーロッパ橋の下を通過し、バティニョール地区を貫通してパリ郊外へと向かう。後にはノルマンディーへ向かう長距離列車が導入され、パリ近郊へつながる路線もさらに充実していく。印象派以前の世代では、人間観察に優れた風刺画家ドーミエがこの駅を舞台に見送りや出会いの場面をイメージ化しているが、人物中心という意味では、駅へのアプローチとしてイギリス風俗画と変わらない。

続くマネや印象派の画家たちも鉄道のテーマを描き、中でもサン=ラザール駅とヨーロッパ橋近辺を最も頻繁に取り上げたが、その姿勢はドーミエとは違っている。これらの画家たちは、十九世紀後半の大都市パリに出現した新しい現実を積極的に捉えようとし、サン=ラザール駅の賑わい（当時パリで最も乗降客が多かった）と発着する列車のダイナミズムに、まさしく近代性の本質を見い出したのである。さらに、一八六〇年代後半から一八七〇年代に印象派の画家たちの交友の場となったのが、サン=ラザール駅から遠くないバティニョール街であったのも、この駅が選ばれた理由のひとつと思われる。彼らのたまり場「カフェ・ゲルボワ」も、何

クロード・モネ《サン=ラザール駅の内部：オートゥイユ線》1877年、油彩・画布、パリ、オルセー美術館

人かの画家のアパルトマンやアトリエも、このバティニョール街に位置していた。したがって、サン=ラザール駅やヨーロッパ橋は印象派の画家たちにとって馴染みの場所であり、マネの《鉄道》（一八七三年）、カイユボットの《ヨーロッパ橋》（一八七六年）、モネの《サン=ラザール駅》連作（一八七六～七七年）など、一八七〇年代にこの界隈をめぐって鉄道を主題とするユニークな絵画が生まれたのは、斬新な主題の追求という動機とともに、地理的な環境も影響していたに違いない。

中でも、サン=ラザール駅そのものを堂々と描いたのはクロード・モネで、一八七六年末から一八七七年初めにかけて取り組み、複数の作品を残している。現在確認されているだけで少なくとも十一点存在し、一八七七年の第三回印象派展の目録には七点の作品が記載されている。ここでは、典型的な作例として《サン＝ラザール駅の内部：オートゥイユ線》を挙げておくが、他にも駅の構内の様子を蒸気機関車とともに描いた《サン＝ラザール駅、列車の到着》（ハーヴァード大学付属フォッグ美術館）、《ノルマンディーからの列車の到着、サン＝ラザール駅》（シカゴ美術研究所）、《サン＝ラザール駅》（ロンドン、ナショナル・ギャラリー）、《サン＝ラザール駅：西の貨物車庫》（個人蔵）があり、駅の外の鉄道風景としては、最もダイナミックな《ヨーロッパ橋、サン＝ラザール駅》（パリ、マルモッタン美術館）をはじめとして、《サン＝ラザール駅：ヨーロッパ橋の下で》（個人蔵）、《サン＝ラザール駅：信号》（ハノーファー、ニーダー・ザクセン州立美術館）、《サン＝ラザール駅：駅の前の線路》（箱根、ポーラ美術館）などがある。これらは一八九〇年代の連作の試みの起点とも言うべき作品群となっている。

連作の中に「ノルマンディーからの列車の到着」という副題を持つ作例があるように、モネはル・アーヴル出身なので、サン＝ラザール駅からノルマンディーへ向かう汽車で頻繁に故郷へ帰っていた。その意味では、パリにある六つの大きな終着駅の中で最も親しいこの駅を画家が取り上げたことに不思議はない。しかし、モネは鉄道というテーマ自体になぜ取り組もうと決意したのであろうか。マネやカイユボットの先例からの刺激という理由もあろうが、モネの場合は鉄道という主題をより直接的に扱っており、人物ではなく駅舎や機関車を中心に描く点に決定的な差異がある。モネの試みに大きな独自性があることは明確にしておかなければならない。

事実、モネはさまざまな視点、角度から繰り返しサン゠ラザール駅を表わした。駅の内部を描くときは、到着した蒸気機関車を入り口付近から見て、一部ガラス張りの天井、線路やプラットフォームと合わせて画面に収める構図が多い。駅の外を描く場合も線路と同じ高さに立って、列車がヨーロッパ橋を通過する場面や、線路と信号機の向こうに駅舎を望む場面などを表わしている。鉄道という対象により近づいていると言ってもよいが、ただし描写は細緻な写実性を目指すことなく、機関車の車体が生々しく描きだされることなど決してない。むしろ、ここではサン゠ラザール駅そのものが主人公であり、近代都市の心臓部の相貌とそのダイナミズムを表現しようとする意図が画家にあったのは明らかであろう。時々刻々と変化する駅を中心とした鉄道世界を多様な視点から捉えてカンヴァスに定着していく、きわめてユニークな試みだったのである。

そして、モネが描き出す「サン＝ラザール駅」では、駅舎も汽車も、線路も人も、白い煙と蒸気の中にかすんで見える。揺れ動く大気の存在を感じさせるその表現様式は、視覚的な印象を生気のある筆触に翻訳した結果にほかならない。堅固な実体ではなく、束の間のイメージとして提示されるヴィジュアルな世界。そこでは、不透明なフィルターを通して、すべてがタッチ（筆触）として、マッス（量塊）として処理されている。「鉄道」はモネにとって、近代生活の生き生きした躍動感とエネルギーを表現するのに相応しいテーマであったが、同時に、モネが確立した印象主義様式を応用するのにも適した対象でもあったことがわかる。流れ行く雲、移ろい行く光、水の動きや反映など、形や色が変わっていくモチーフを好んだモネにとって、機関車の吐き出す煙や蒸気に満ちた駅を中心とする鉄道世界は、大胆な造形的実験を試みるに値する対象となったのである。

以上のように、近代都市のダイナミズムを視覚的なヴィジョンとして表わそうとするときに、駅が格好の場所となったわけだが、モネがいち早く確立したこのようなタイプの印象派絵画は少しずつ世界中に広がっていった。アメリカでは、コリン・キャンベル・クーパーがニューヨークの心臓部とも言うべき「旧グランド・セントラル駅」の脈動を感じさせる作品（一九〇六年、モンクレア美術館）を、「サン゠ラザール駅」連作を意識した様式で描いている。日本でも同じ頃、山脇信徳が《停車場の朝》（一九〇九年、焼失）において上野駅の朝の様子を、おそらくはモネの作品の複製図版から刺激を受けて表わしているのが、世界同時現象という観点から興味深い。

4　キリコとデルヴォー：想像の駅

フリスの《鉄道の駅》も、モネの「サン゠ラザール駅」連作も、ロンドンやパリに実在する駅を表した作品であった。ところが、二十世紀になると現実の駅ではなくて、空想の駅、想像上の駅を描く画家たちが出現する。その最たる例がキリコとデルヴォーにほかならない。

父親が鉄道技師でもあったイタリアの画家ジョルジオ・デ・キリコの作品には、《不安な旅路》（一九一三年、ニューヨーク近代美術館）、《哲学者による征服》（一九一四年、シカゴ美術研究所）のように、煙を吐きながら走る蒸気機関車や、殺風景な柱や壁が目を惹く駅のモチーフが頻出

ジョルジオ・デ・キリコ《預言者の報酬》1913年、油彩・画布、フィラデルフィア美術館　© SIAE, Roma & SPDA, Tokyo, 2010

する。そこに広場やオブジェなど他のモチーフが組み合わされて、孤独でメランコリックなキリコ独特の「形而上学的」絵画が形作られるのである。

《予言者の報酬》を見てみよう。キリコが愛した眠るアリアドネの古代彫刻が横たわるその背後を、白い煙を吐く蒸気機関車が走っていく。人気のない駅舎は暗い影の中に沈み、時計の針はもうすぐ午後二時を指そうとしている。けだるい夏の昼下がりは時間が止まってしまった永遠の午後にほかならず、古代彫刻の存在が独特の詩情をかもしだしている。

走る列車は、おそらく近代文明の使徒

たる鉄道技師の父、さらには若くして死に別れた父の象徴であり、畏怖と反発の入り交じった息子の複雑な心理が仮託されているように見える。また、そうした不安定な心が旅路への不安とも重なっているに違いない。白昼夢のような印象を作品に与えたこの時期のキリコのことを、ピカソは「駅の画家」と呼んだという。キリコにとって人気のない虚構の駅は、少年時代の追憶と生きる不安がない交ぜになった象徴的なモチーフであったと思われる。

一方、ベルギー出身のシュルレアリスト、ポール・デルヴォーといえば、夢のような空間にたたずむ整った顔立ちの官能的な裸婦のイメージが強いが、汽車や電車や駅もまた重要なモチーフであり、裸婦と鉄道を組み合わせた作品も少なくない。ここでは、いわば永遠の女性美と近代のテクノロジーが並置される不思議な世界が成立している。「私は空虚な待合室の美しさを表わしたかった。人々の姿は必要ない、駅が固有の生命を持っているから」と、画家は語っている。

そして、一九五〇年代後半からは、《クリスマスの夜》（一九五六年）、《森の駅》のように、駅のプラットフォームに少女が後ろ向きで立つ構図を好んで描くようになる。硬直したかのように動きのないその姿勢からはどこか寂しさや孤絶感が伝わってくる。それは駅が別れや旅立ちの場所だからという理由のほかに、シュルレアリストとして孤独な戦いを続けた作者自身の心象風景なのかもしれない。それにしても、なぜ老年になってデルヴォーの絵に鉄道や駅がよみがえったのか。

「私が描くのは子供時代の汽車、ゆえに子供時代そのものだ」。「そして私は、昔の機関車が私たちの祖父の頃の列車を引いている、森の中の静かな駅に戻ってきた」。これはデルヴォー自身の述懐である。誰にとっても子供時代に初めて見る鉄道は新鮮であり、驚異の的であったに違いない。年齢を重ねた画家の心の中に、子供時代の汽車の想い出がノスタルジーとともに懐かしくよみがえる。彼は「森の中の静かな駅に戻ってきた」のだ。プラットフォームにたたずむのはもはや裸婦ではなく少女である。キリコと同じくデルヴォーもまた、私的な意味合いが込められた想像世界で、鉄道の駅と密接な関わりを持ったのである。

一九世紀末から二〇世紀にかけて、「鉄道」は近代性を担う特権的なイメージから、社会生活における日常的なイメージへと次第に変化していく。一言でいえば、蒸気機関車や駅が身近でありふれた存在になったのである。二〇世紀には普通の主題となってしまった鉄道を再びとりあげたのが、キリコやシュルレアリストたちであったというのは、決して偶然ではない。無意識の内に沈み込んだ幼い日々の記憶から鮮烈に浮かび上がる懐かしい汽車や駅。そこでは、駅はまた鋭敏な画家たちにとって幼年期の孤独や葛藤、旅立ちや生の不安を象徴したりもする。鉄道は決して陳腐なイメージではなく、個人の思いや体験に裏打ちされ、特別な意味を担って登場する重要なモチーフとなったのである。

5 日本近代絵画における駅

最後に、日本近代絵画に描かれた駅について述べてみたい。

一八七二（明治五）年、日本の鉄道開業の際に起点駅となった初代新橋駅（後に汐留駅）は、小林清親の《新橋ステンション》によってその姿を版画に留めている。雨のそぼ降る暗い夜景で、洋風建築の駅舎の入口と窓から明かりが洩れ、前景の道路には傘をさして行き交う人々や人力車が描かれている。明暗の対比や陰影の美へのこだわりがうかがわれる佳品である。西洋画に学んだ陰影表現を駆使する「光線画」で一世を風靡した小林清親は、「東京名所図」のシリーズの一点として一八八一年にこの木版画を世に出したのだが、「新橋ステンション」は文明開

小林清親《新橋ステンション》1881年、木版画

化の象徴として、新しい首都の名所の一つとなったことがわかる。実際、西洋近代文明の摂取を推進する日本の現実を描くときに、駅はさまざまな形で絵画に取り込まれた。たとえば、鹿子木孟郎の《津の停車場》（一八九八年、三重県立美術館）の場合、結婚間もない画家の妻が鉄橋の上に立ち、地平線の彼方に延びる線路に目を向けている。日本の近代化を未来への明るい希望として捉える明治の雰囲気が感じられよう。

あるいは、フリスの《鉄道の駅》が新たな風俗主題として駅の人間模様を表わしているように、駅という場を通過する人々の姿を描いた作品もまた数多い。高村真夫の《停車場の夜》（一九〇九年、東京国立博物館）では、待合室で夜行列車の出発を待つ老人と女性が登場するが、待ちくたびれた二人は行李の傍らで眠っている。また、日本画の作例となるが、梶原緋佐子の《暮れゆく停留所》（一九一八年、京都市美術館）や《帰郷》（一九一八年頃、同）は、疲れ切って駅のベンチに坐る季節仲居やプラットフォームで帰郷の喜びを漂わせる女性の姿を通して、庶民の哀歓をしみじみと表現している。この他にも、駅の雑踏や群衆を描いた作品として、長谷川利行の《浅草停車場》（一九二八年、個人蔵）や木村荘八の《新宿駅》（一九三五年、ふくふく美術館）などがあり、近代的な都市空間に蝟集《いしゅう》する東京の民衆の生活の有り様を、各々の視点で巧みに切り取っている。

東京の中でよく描かれた駅の一つに田端駅がある。東日本の路線を維持する操車基地でもあった田端駅には機関車庫、変電所、通信所、休憩室、宿泊施設、厚生施設などが備えられ、当時千人を超える駅員が働いていた。長谷川利行の《汽罐車庫》がまさに田端駅を舞台にした作品で、大ぶりな力感あふれる筆致で黒々とした機関車と朱色の車庫を描いている。これは長谷川の田端駅シリーズで最大の作品となったが、モネの「サン＝ラザール駅」以上に、蒸気機関車と車庫が前面に出ており、躍動するフォルムが我々に迫ってくる。佐伯祐三もまたパリから帰国した時期に、田端駅とその付近を積極的に主題とした。《休息（鉄道工夫）》（一九二六年頃、

長谷川利行《汽罐車庫》1928 年、交通博物館

石橋美術館）は田端駅構内で見かけた鉄道員の姿を描いたもので、たくましい三人の工夫がテーブルを囲んでくつろぐ様子を、パリ仕込みのタッチで処理している。《シグナル》（一九二六年頃、個人蔵）もまた、田端駅構内の線路と信号機を主要モチーフにした作品で、カーブを描く線路と垂直に屹立する信号機や電柱との対比が面白い。

最後に、都市風景としての駅という意味では、松本俊介の名を逸するわけにはいかない。線路とプラットフォームを中心に据えた《有楽町駅付近》（一九三六年、岩手県立美術館）、水道橋駅を表したとされる《白い建物》（一九四二年、宮城県美術館）のように、駅を直接とらえて描いた作品がある。と同時に、松本が好んで描いたのは駅の近くの橋や鉄橋のある風景であった。《N駅近く》（一九四〇年、個人蔵）、《橋（東京駅裏）》（一九四一年、個人蔵）など、鉄道駅とその周辺の風景にこの画家は特別の思い入れを持っていたかのようだ。それは、ヨーロッパやアメリカとは異なった、日本の近代都市の心象風景を構成しているのである。

以上のように、西洋、日本を問わず、描かれた駅の作例を探すと決して少なくないことがわかる。駅こそは、旅立ちや帰郷、出会いや別れなど、人生を映し出す鏡のような場所として、またダイナミックな近代文明を象徴する建物として、画家たちの関心を強く惹いたことがわかる。そして、二〇世紀になると画家たちの想像力の中でノスタルジックな駅がよみがえり、独自の変奏を奏でていく。日本近代絵画においても場所と時代に応じて多種多様な駅の姿や表情が見て取れるように思われる。駅を描いた絵には、ある意味で一九世紀から二〇世紀にかけての歴史が凝縮されているのである。

第9章

駅舎の保存と活用

◎

米山淳一

1　歴史的建造物としての駅舎

歴史的建造物？　と聞けば一般的には古社寺や民家を連想するだろう。およそ鉄道の駅舎と答える人は先ずいない。もし、いるとすれば鉄道に深い愛着のある方であろう。しかし、最近世の中の情勢はちょっと変わってきた。鉄道車両、施設、構造物や鉄道の旅に関心が集まっている。新聞、雑誌、テレビ番組でも鉄道をさまざまな形で取り上げている。中でも旅番組では、ローカル線の列車に乗り、古い駅舎に降りたち、地域の生活文化を訪ねるケースが多い。「ワァー古い。歴史を感じます」とタレントが騒げば、駅舎には後日、来訪者がどどっと押しかけるといった現象も各地で見られるから面白い。鉄道に寄せる思いは、鉄道愛好家ばかりのものではない新たな時代の到来である。

今日、橋上駅舎がポピュラーになりつつある。エスカレーターで難なく昇って、改札口に向かい、左右どちらの方向にも簡単に出られる。どこに行っても同じ造り。便利ではあるが町の景色にも接することはないし温かみに欠ける。

我が国最古の駅舎として知られているのが旧長浜駅舎（滋賀県指定文化財）だ。明治一五年（一八八二）三月、敦賀線（北陸本線の一部）と東海道本線開通に合わせて開業している。機関車トーマスに登場する英国風の外観を持つ駅舎は全国でも類を見ない独特の味わいだ。かつて、駅舎に対してプラットホームが垂直に並び、階段を上がることもなく旅客は駅舎から出入りしていた。当時としては珍しいコンクリートと石を組み合わせた構造の建物に洋トラスで小屋組みを設け瓦屋根としている。現在も当時の様子を見事に残しており、まさに歴史的駅舎ここにありと言った存在感たっぷりの駅舎だ。

筆者が財団法人日本ナショナルトラスト（以下ＪＮＴ）在職時に長浜市と共同で旧長浜駅舎の重要文化財指定を目指し、後世に伝え残すプロジェクトを企画、推進したことがある。老朽化した旧長浜駅舎の二階部分が展示スペースになっていたが、構造的にも危険であり早急に対策が望まれていた。そこで、二階部分の資料を移設して展示するための新たな施設が必要となった。折しも、長浜市は黒壁プロジェクトや都市博物館構想を市民、行政が一体となって推進し成果をあげていた。地域活性化のお手本のように町は時勢に乗って活々していた。調査にとどまらずまちづくりのお手伝いができないものか？

そこに持ち上がった計画がヘリテイジセンター「長浜鉄道文化館」の建設であった。歴史を活かしたまちづくりの拠点としてＪＮＴが全国に建設していた歴史文化館の長浜版だ。鉄道と琵琶湖舟運で交通の要衝でもあった長浜の歴史や生活文化を広く知っていただく絶好の機会でもあった。幸い、財団法人日本宝くじ協会からの助成を賜り建設が進んだ。長浜市民、市役所、観光協会、そして小池滋先生（英文学者）、青木栄一先生（東京学芸大学名誉教授）、松澤正二さん（交通博物館副館長）らのご指導のもと、建築家吉田桂二先生の設計で素晴らしい木造の歴史文化館が完成した。

旧長浜駅舎二階の資料は装いも新たに同館に展示。空きスペースとなった二階部分は重要文化財指定をにらんで所有者のＪＲ西日本と合意形成を図り、復元整備する計画であった。文化庁、滋賀県にも出向いて協議を始めた。

その矢先、資料展示だけではなく本物の車両の展示の必要性が長浜市からも持ち上がった。すでに、長浜城公園にあったＤ５１形蒸気機関車が歴史文化館に隣接する形で移設されていた。ただ、Ｄ５１形一両では鉄道車両の歴史を語る上で役不足であった。そこで白羽の矢が立ったのがＥＤ７０形一号交流電気機関車であった。Ｄ５１形のあとを受けて昭和三二（一九五七）年一〇月、交流電化が完成した田村〜敦賀間を走った我が国初の交流電気機関車なのである。引退後は敦賀第二機関区の片隅に展示。長年の風雪で車体の痛みが進んでいた。当方から長浜市にD51形と二両を合わせて展示することを提案。合意後、JR西日本にお願いにあがっている。当時の幹部の皆さんのご厚意で事は順調に進み、JR松任工場の卓越した技術により見事に復元されたのである。JR西日本からJNTに寄贈され展示され現在にいたっている。その

英国風の長浜駅舎全景

長浜電化記念館に保存展示されているD51形とED70形1号交流電気機関車

ふたつの文化館

際、前回同様に財団法人日本宝くじ協会からの助成で長浜電化記念館を第二のヘリテイジセンターとして建造している。

現在、旧長浜駅舎を核に二棟のヘリテイジセンターと一体となった「長浜鉄道スクエアー」として長浜市が管理・運営し好評である。

歴史的駅舎の保存に端を発し、二棟の関連施設の新築、歴史的資料・車両の保存を実現している。今後、当初の計画どおりに旧駅舎の本格的な復元に伴い、国の重要文化財指定を目指し動きが活発化することを期待している。

話は蛇足ぎみだが、昨年、長浜駅舎が新装なって橋上駅化された。駅舎は旧駅舎を模したデザインで新築。駅舎が町の玄関であることを十分に意識しての結果によるものであることは想像できる。しかし、同じ様な外観の駅舎が隣接して二棟ある景観は実に不思議な感覚にとらわれる。訪れるたびに、我が国最古の歴史的旧長浜駅舎に敬意を表して、新築の駅舎を計画して欲しかったと率直に感じてしまうのである。

2　歴史的駅舎の保存の足跡

市民運動等による歴史的駅舎の保存活動

戦後の高度成長期のあおりとさらなる鉄道の近代化に合わせるように、昭和四〇年代に入ると駅舎の改築、建て直しが急速に行われるようになった。老朽化した駅舎を鉄道事業者は何の抵抗もなく建て替え始めたのだ。駅舎はその町の玄関とばかり、町の歴史性や風土を意識して建設されてきた駅舎は、画一的なデザインの駅舎にどんどん建て替わる傾向にあった。鉄道事業者としては、よかれと思って進めた計画も、慣れ親しんだ駅舎を歴史的遺産と捉える住民にすれば余計なお世話と言わんばかりに建て替えに反対する運動が生まれている。

特に昭和五〇年代初頭の鎌倉駅舎の保存運動は顕著であった。もともと鎌倉の市民は文化的意識が高いとされているから世間の注目度も高かった。原点は古都保存法にある。昭和三九（一九六四）年、鎌倉八幡宮の裏山の宅地開発が持ち上がった。これに対し、鎌倉市民の有志が歴史的風土を無視した開発に対して怒りを露わにして保存運動が始まった。瞬く間に運動の輪は広がり、これがきっかけとなり古都保存法が議員立法で制定された経緯がある。だから、旧国鉄や鎌倉市が進めた安易な鎌倉駅舎の建て替えは物議をかもしだしたのだ。

折しも、田中角栄政権が推進する日本列島改造論が吹き荒れていた。古都保存法のきっかけを作った鎌倉市民が、ふるさとの駅舎の建て替えをおいそれと見過ごすはずはないのである。先頭をきって立ち上がったのが原実氏だった。すでに全国歴史的風土保存連盟を立ち上げ、全国的な活動で実績は知られるところであった。鎌倉駅舎保存においても、共感する市民を署名や啓発活動を通じ喚起していた。しかし、結果は時代の勢いで押し流され、建て替えは強行された、かろうじてかつての駅舎の面影を伝える三角形の屋根をした時計台を踏襲するにとどまった。これでも当時としては上出来と称讃されたのであるから、今思えばつくづく時代を感じさせる事件であった。

一方、鉄道の近代化の名のもとに新たな駅舎建て替えの流れが鉄道の高架化として現れた。自動車交通の発達による都市道路の近代化に伴うモータリゼーションは、鉄道の形や存在も危ぶむ勢いであった。道路整備と合わせ鉄道路線の近代化は、都市計画の視点からも高架化を自然に促進した。このために市民の声も空しく、優美な歴史的駅舎が次々に姿を消していった。両毛線新前橋駅舎、栃木駅舎は記憶に新しい。

二条城駅外観

しかし、保存運動が実り保存された事例も少なくはない。旧国鉄奈良駅舎（奈良市）は、一度は壊される運命にあったが市民の熱い思いが伝わり、数十m移設されランドマークとして健在である。筆者もJNT在職時に、奈良市にある歴史的庭園の保存をきっかけに駅舎保存運動に関係している。歴史的風土の保全を推進する環境から、市民ばかりか奈良市、奈良県、JR西日本の優れた連携プレイの賜物と言える。その後、旧国鉄二条駅舎も移設保存されている。これも同様に市民、行政が大きな関心と保存の声を高らかにしたが、何よりもJR西日本の見識の高さによるところが大きい。

現在、京都市指定文化財となり、梅小路蒸気機関車館のエントランスと資料展示スペースとして再生され、好評である。

修理中の赤レンガの東京駅舎

忘れてはならいのが東京駅舎の保存である。日本国が近代国家として歩み始めた明治期から成長期に入った大正期のシンボルとして、ふさわしい威風堂々たる建造物である。設計は辰野金吾。ジョサイアコンドルに学び、同時代の片山東熊と並ぶ当時を代表する建築家だ。

「赤れんがの東京駅が夕日に輝く時をご存じですか?」と語りかけるようなキャッチフレーズで保存運動は始まった。在籍したJNTの職員多児貞子さんが発起人で「赤レンガの東京駅を愛する市民の会」が立ち上がった。「一〇月一四日の鉄道記念日を運動のスタートにしたら」と僕はアドバイスした。昭和六三年のことだった。小池滋先生も運動当初からかかわられている。

JNTの事務所は丸の内ビルディング(通称・丸ビル)だ。毎日東京駅で乗降し親しんでいた。丸の内の、いや全国のランドマークだった。だから壊されるはずはないと信じていたが、国鉄からJRに経営形態が変化、合わせて丸の内の再開発計画が表面化してきた時期でもあった。

残念ながら丸ビル、新丸ビルは再開発の対象になった。かろうじて英国風の東京銀行協会が壁面保存され、その後、日本工業倶楽部がよりリアルに優れた手法により改修保存された。そして、約二〇年を経過した丸の内は別世界と化した。超高層ビルが林立して空が小さくなった。百尺（約三三m）の高さで整然と都市美を保っていた品格のある丸の内の景観はもう今はない。何故こんなに醜くなったのか？　問うてみてもしかたがない。「景観は結果であり手がかりである」と思うが、この観点から見直せば答えは見えてくる。しかし、「赤れんがの東京駅」は厳としてそこに息づいている。しかも重要文化財に指定されて、復元工事の真っただ中にある。あの時、市民運動が起きていなければどうなっていたか想像はつく。よくぞ残った。紆余曲折あった市民運動。軽やかに優しく鉄道事業者のこころの中に溶け込んだ戦略が光る。「残してください」と花束を持参。バレンタインデーにはチョコレート。ピンクのスカーフを巻いて保存をアピール。遠く金沢市から夜行列車でやってくる杉浦女史。多くの皆さんの思いを受けとめた結果が保存にいたったのだ。

さらにこの結果は、東京中央郵便局の保存に大きな影響をおよぼしたと言える。スマートで息の長い運動に拍手を贈りたい。

重要文化財の指定から近代化遺産としての登録有形文化財へ

集英社で発行している週刊「鉄道絶景の旅」で訪ねてみたい日本の鉄道遺産を連載中だ。鉄道愛好家ばかりか人生の大先輩方から多くの関心が寄せられているが、皆の驚きは鉄道遺産が文化財になっていることだという。駅舎、車両、隧道、橋梁等でその数合わせて何と約一五〇件。年々、増加の傾向にあるというから素晴らしい。中でも駅舎は地域を代表する歴史的建造物として人気が高い。

駅舎として最初に重要文化財に指定されているのは、ネオ・ルネッサンス様式の門司港駅舎（大正三年、一九一四）、二番目が純和風・木造建築の大社駅舎（大正一三年・一九二四）、そして赤レンガの東京駅舎（大正三年、一九一四）の三例であり全国的に有名である。

一方、登録有形文化財制度が平成八年に文化財保護法の一部を改正して施行されてから、近代化遺産としての鉄道遺産の登録が進んでいる。指定とは違い、英国のリスティングシステムを模範に作られている。いわば、将来にわたるストック的な文化財である。市民から手を挙げる点が評価されている。

出雲大社前駅舎（一畑電鉄）

浜寺公園駅（南海本線）

隼駅（若桜鉄道）

嘉例川駅舎（JR 肥薩線）

駅舎では、アールデコ調の一畑電車・出雲大社前駅舎（島根県）、擬洋風の南海電鉄・浜寺公園駅舎（大阪府）、和風の旧加越鉄道・井波駅舎がいち早く登録有形文化財となっている。保存整備も行われ、人びとに親しまれている。

その後も登録は進み、ＪＲ函館本線・小樽駅舎（北海道）、上毛電鉄・西桐生駅舎（群馬県）、長野電鉄・湯田中駅舎（長野県）、若桜鉄道・若桜駅、丹比駅舎、隼駅舎他（鳥取県）、萩駅舎（山口県）、善通寺駅舎（香川県）、大隅横川駅舎、

嘉例川駅舎（鹿児島県）他事例は増加している。

ふるさとの駅舎として登録有形文化財を機会に地域で大切にされるとともに、まちづくりの拠点としても活用が始まっている。

3　歴史を活かしたまちづくりと駅舎

全国各地でその土地ならではの地域遺産である自然・歴史・文化等を活かしたまちづくりが盛んに行われている。その結果、地域に潤いや活力が生まれている。さらに観光振興にいたる事例も多く見られる。

このような動きに歴史的駅舎が重要な役割を果たしているのも事実だ。駅舎は、その町のいわば玄関口だ。駅舎や駅前の様子から町の姿を想像することもできるのである。便利さを優先するばかりに町の歴史性を無視したデザインの駅舎がどんどん出現している一方で、駅舎を歴史を活かしたまちづくりの核に据えている町もある。この場合、駅舎はもちろん、歴史的建造物で文化財だ。駅舎や駅前が保全されると町も元気になる。二つの事例を紹介したい。

門司港駅舎と門司港レトロ事業

大陸や関門航路の拠点として発展してきた門司。まさに九州の玄関口でありそれに相応しい形で大正三（一九一四）年に門司駅舎は竣工している。ネオ・ルネッサンス様式の堂々とした駅舎は近代都市、門司の象徴であった。昭和一七（一九四二）年に関門トンネルの開通に伴い、駅名を現在の門司港駅に改称している。

かつて門司港界隈は海運、海外交易などで大いに繁栄。現在も当時の様子を物語る建物が立ち並び、門司らしい歴史的景観を形成している。その核にあたるのが門司港駅舎である。昭和六三（一九八八）年一二月、門司港駅舎は鉄道の駅舎として我が国で初めて重要文化財に指定された。新生ＪＲ九州の見識の高さが大いに評価された。これがきっかけとなり、門司港らしいまちづくりが始まっている。

仕掛けたのは地元北九州市である。門司港界隈の歴史性に注目し、ここに息づく歴史的建造物の保全を推進したのである。目的は歴史を活かしたまちづくりと観光。歴史的建造物を活用した地域活性化の切り札であった。「ふるさとづくり特別対策事業」を駆使した門司港・海峡レトロ推進事業がスタートしたのである。北九州市は旧門司三井倶楽部（重要文化財・移築）、旧大阪商船（登録有形文化財）や旧門司税関の取得保存を次々に積極的に手掛けている。

その後もレトロ事業は継続され、第三期に入った平成一五（二〇〇三）年にはＪＲ九州と連携して九州鉄道記念館が開館した。中心施設の展示館は、明治二四（一八九一）年建造のレンガ造りの品格ある旧九州鉄道本社の建物である。外観をそのまま保存し、内部を歴史資料の展示用に改装している。さらに、旧国鉄で活躍した蒸気機関車Ｃ５９形一号や、真っ赤な車体の交流電気機関車ＥＤ７２形一号、半流線形キハ０７形四一号気動車のなど九州ゆかりの歴史的車両も修復整備され静態保存展示されている。

今も昔も門司港駅舎が町の中心となって町に賑わいが生まれているのである。今年、特定目的鉄道として新たな鉄道が門司港駅～和布刈公園間約二㎞に開業。北九州市が中心となって、かつての引き込み線を活用して「門司港レトロ観光列車」の運行を開始したのだ。

門司港駅舎の重要文化財がきっかけで町はダイナミックに活性化し続けている。

ネオ・ルネッサンス様式の門司港駅舎

レトロ地区に息づく歴史的建造物群

トイレの手水鉢が歴史を物語る

織り上げ格天井、ドアーの装飾、当時のままだ（２階の展示室）

赤レンガの旧九州鉄道本社（現・九州鉄道記念館本館）

沿線まるごと文化財、みんなで守った若桜鉄道

知人が転勤で鳥取環境大学に赴任した縁で、鳥取通いが始まって今年で五年目だ。全県の人口約六〇万人。山と海がとにかく美しい。歴史的建造物も多く、古くからの町ばかり。歴史豊かな県でもある。NPO法人市民文化財ネットワーク鳥取を知人が立ち上げた。調査、まちづくりの講演やシンポジュウムで県内を歩くうちに若桜の町に出会った。かつて、林業で栄えた町は元気がなく第三セクターで二〇年間、頑張ってきた若桜鉄道の廃止の声を聞いた。若桜鉄道の前身は旧国鉄そしてJR西日本。ご多分にもれずモータリゼーションの波に飲み込まれた鉄道の需要は延びず、朝夕の通学利用で生きながらえているに過ぎない状況にあった。

NPO法人のブランチが若桜町にあり、若桜駅構内にある蒸気時代の転車台、給水塔などをボランティア活動で整備、修復するプロジェクトを市民参加で行っていることを知った。「ふるさとの鉄道を元気にしたい」の一途で活動している姿に感動。以来、若桜鉄道の再生にかかわっている。

若桜駅構内の整備を終えると同時に「蒸気機関車の里帰り計画」が始まった。山を越えた多可町（兵庫県）に以前、若桜線を走っていたSLが保存されていた。C12形一六七号機である。

市民による「ＳＬ保存会」が設立され多可町の町長さんを説得、譲渡の快諾を得た。これを機に若桜町の皆さんから頂いた募金で、めでたく若桜駅構内への里帰りは実現したのである。

次は止まっているＳＬでは面白くないとばかり動かすことになった。と言っても簡単にできるはずはない。蒸気で走らせるのには莫大な経費がかかるからだ。そこで、圧縮空気で動かす秘策を紹介。優れた技術を持った方のお陰で見事に動態となった。「開業以来の人が集まった。」と表現されるほどお披露目式は賑わった。一気に若桜鉄道に市民の関心が集まったのもこの時だった。自然に「ふるさとの鉄道への愛着」が生まれたのである。それは「鉄道を廃止しない」につながった。

若桜駅構内

若桜鉄道は昭和一五（一九四〇）年に開通。因備線の郡家〜若桜間約二〇㎞。沿線は氷ノ山に代表される山々を背景に美しい農村風景が広がっている。振り返れば若桜駅構内ばかりか駅舎、橋梁等は開業当時のままだ。全国各地で近代化遺産の保存・活用が盛んだ。鉄道関連の遺産はこの部類に入る。しかも五〇年を経ていれば文化財の条件を満たす。そこで沿線の駅舎、施設、構造物を登録有形文化財にすることを提案した。ＳＬの次は沿線まるごと文化財構想である。会合やシンポジュウムなどを重ね関係のみなさんとの合意形成がなされ、見事に二三件が登録有形文化財となった。単一の鉄道路線としては全国初の快挙であり注目を浴びた。

一度は廃止になりかけた鉄道が市民、行政、専門家、ＮＰＯ、みんなの力で蘇った。国土交通省も高い関心を示し、始まったばかりの上下分離方式で新たな運営形態を若桜鉄道で初めて行ったのである。

今後、沿線の歴史的町並みや集落景観や自然資産を巻き込んだ施策を戦略的に推進して鉄道の活性化を図る計画が持ち上がっている。さらに、蒸気機関車の復活運転も夢見ている。

4　海外の事例

歴史的駅舎の保存は海外、特に欧米か？　ではないが盛んである。保存と言うよりむしろ活用を意識した点が注目に値するし、大いに見習うべき点でもある。

カールスプラッツ駅舎（オーストリア・ウイーン：左）とオルセー美術館内部（旧オルセー駅舎・フランス：右）

駅は街の拠点であるから、まちづくりの視点からも重要な存在なのである。だからただ保存だけではもったいないという理論に至る。古いから、高架化に際して邪魔とばかり歴史的駅舎を考えなしに取り壊してきた我が国とはおおいに異なる。

僕が初めて海外での歴史的駅舎の保存・活用の事例を知ったのは、シビックトラストの理事アーサー・パーシバルさんからだった。シビックトラストは英国で歴史を活かしたまちづくりを地域の環境保全団体や自治体・企業等と力を合わせて行っており、「プライド　オブ　プレイス」をめざしての街づくり活動は広範に及んでいる。

歴史的建造物としての駅舎の保存・活用事例は「The Camberwell Soceity」（地域環境保全団体の名前）による旧英国有鉄道の「DENMARK HILL」駅（ロンドン）であった。１８７０

年に建てられた歴史的価値の高い駅舎を同団体が募金と醸造業者からの修復資金の150万ポンドを用いてパブとして再生させている。以来、鉄道遺産とも言える駅舎の保存・活用に関心を抱く。見渡せば先進事例は限りない。旧オルセー駅（フランス）は美術館として人気が高いし、カールスプラッツ駅（オーストリア）はウィーン博物館の分館として宮廷設計博士のオットーワグナー氏の業績を中心に展示している。

今回は紙幅の関係もありドラマチックに保存・活用されたセント・パンクラス駅（イギリス）について紹介したい。

再生されたビクトリア様式の豪壮な駅舎

英国ロンドンと欧州のパリ、ルクセンブルクを結ぶ高速鉄道「ユーロスター」の旅は快適だ。しかし、ウォータールー駅を発車した列車は高速とは言い難い走りだ。古びた駅、くすんだ町並みをのろのろ走る。当初の乗車体験には実に落胆させられた記憶がある。ビッグ・ベンを背景にユーロスターの写真も撮った。長い身をくねらせ目の前を行きすぎる姿に、高速鉄道の片鱗は感じられなかった。ところが、昨年4月ベルギーでの欧州鉄道遺産会議に出席の帰路にユーロスターに乗車。見事な高速走行のままウォータールー駅ではなくセント・パンクラス駅に滑り込んだ。高速新線が開通して名目ともに高速鉄道となった。

セント・パンクラス駅はかつてのミッドランド鉄道の駅として1868年に竣工している。ヴィクトリア時代を象徴する赤レンガ造りの駅舎と併設のホテル、ホームを覆う大アーチなど豪壮な駅として親しまれてきた。何度となく取り壊しの危機にさらされたが、その度に市民の署名や著名人のバックアップもあり奇跡的に残されてきたのだ。中でも詩人で大の鉄道愛好家、ヴィクトリア時代の建築の保存推進派でもあるジョン・ベッチャマンは保存運動の先頭に

セント・パンクラス駅正面

ジョン・ベッチャマンの像

立ってその大切さを訴えた。今も彼の銅像が駅に設置されその業績を顕彰している。そして、二〇〇七年六月、ついに欧州への玄関口としてユーロスターの発着駅、さらに二〇〇九年一二月新たな高速通勤線の発着駅としても大いにその機能を発揮し始めている。まさに英国を代表する駅になったのである。

縁あって二〇一〇年二月英国鉄道遺産協会の総会に出席した。丁度、英国上院議員のフォークナー卿と隣り合わせたのでセント・パンクラス駅の再生についてお伺いする機会を得た。同氏は国の運輸政策のエキスパートでもある。ユーロスターの発着駅への大変身劇には三つの鍵があったそうだ。先ず、市民みんなが大切にしてきた歴史的駅舎であったこと、駅のスペースに十分な余裕があったこと、そしてキングスクロス駅に隣接し英国北部やスコットランド方面への乗り換えが楽なことである。「改修の資金は？」の問いに「私たち市民」という答えが印象的だ。要するに国を挙げての大プロジェクトなのである。

駅を探索してみよう。ユーロスターをはじめイースト・ミッドランド鉄道、そして最新のハイスピードトレイン（高速通勤線）の発着ホームは元のレベル、地上二階部分にすべてである。ガラスを多用した改装はデザインセンスも良く、なにより歴史的遺構を傷つけることなく現代の駅の機能を十分満たしていると感じる。駅の大空間を構築しているアーチ状の柱は鋼鉄製だ。元国立ヨーク鉄道博物館館長アンドリュー・スコットさんも会話に加わり多々ご教示下さった。アーチ状の柱の間隔は英国で一番広いそうだ。また、美しい水色の塗装は七~八層にもわたる分厚い塗装を削った結果、一番下に塗られていた竣工時ものを採用したそうだで「ダッグエッグブルー」（アヒルの卵色）と呼ぶ色彩である。良く見ると四本ごとに一本の土台にはこのアーチの製造メイカー「BATTERLY社製造　１８６７年」という内容が印されている。歴史あるレ

ハイスピードトレインとユーロスターが並ぶ

ユーロスターと大空間は人気

鍛鉄の柱の製造名板

ストラン、バー、オイスタバーも営業しているほかシャンパンバーも復活している。レンガと鉄で築かれた大空間を眺めながらの一杯と洒落込むのも良い。

さて、エスカレーターで一階に降りてみよう。かつてはビールの倉庫にも使われていたこの場所は今やショッピングモールになっている。書籍、衣服、食べ物店等さまざまなお店とユーロスターの乗車券発売所、トイレもある。鋳鉄の柱を巧みに交わし通路も確保されている。柱

シャンパンバーは雰囲気満点

エスカレーターは絶好の見学場所

1階のショッピングモールと通路

の色はもちろん例のダッグエッグブルーだ。地下鉄に通じるレンガアーチの手前には女王陛下もお出でになられたと書かれたユーロスター開業記念プレートが埋め込まれている。現在、併設のホテルの修復が進んでいる。

市民の思いがいっぱい詰まった歴史的駅舎はまさしく「ＯＬＤ＆ＮＥＷ」を実感できて喜ばしい。

第10章

音楽のなかの駅

◎

小池　滋

駅が出会いと別れ、希望と絶望、成功と挫折の交錯する場所なら、当然のことながら多くのドラマを生み出す。音楽についてもそうであって、とくに大衆音楽、歌謡曲の中では、それが顕著に見られる。「駅」「ステーション」「ＳＴＡＴＩＯＮ」などの言葉を表題の中に持っている曲が無数にあることは、誰もが納得できるだろう。

とは言っても、それらの名前を総花的に並べるだけで、与えられた紙面のかなりの部分を占める。作詞者、作曲者、歌手の名前や、発表年代を書き添えたら、それだけでこの章は終ってしまう。そうしたカタログ的な役割は、歌謡曲全集が何種類も簡単に手に入る現在なのだから、そちらの目次や索引に譲るべきだろう。ここでは重点的に実例を絞って、それらが生まれた時代とのかかわりを含めた特色を示すことに限らせていただこう。そして、勿論のことながら、表題だけではわからないが、駅が重要な役を演じている曲も多いのだから、表題にはあまりこだわる必要あるまい。

では、早速古典的と言ってよい代表作から始めよう。

「夜のプラットホーム」昭和二二（一九四七）年

作詞　奥野椰子夫
作曲　服部良一
歌　　二葉あき子

敗戦後それほど経っていない時期に発表されて大ヒットした曲だが、実は戦時中の昭和一四（一九三九）年に制作されていたのだった。と言えば容易に想像つくであろうが、作詞者は戦場に向かって旅立つ兵士を乗せた列車の出発を見て、この歌を書いたのだった。作曲されて発売されようとした時、軍部の圧力で発表が禁止され、お蔵になっていたが、戦後すぐに解禁発表されたといういきさつがあった。

出征兵士と見送る妻という設定だったが、平和になった時代にその歌詞を知った一般大衆は、別にそんなことを夢にも思わず、単に男と女の別れという状況で受入れることができた。そして、それ以後、駅での男女の別れは歌謡曲での定番となって現在に及んでいる。まさにこの曲は、そう言った意味で、駅を舞台にした歌謡曲の古典と呼ばれる資格を持つ。

余談ながら、中に出て来る「ベル」という言葉を聞いて、その実体を理解できる人がいまどれほどいるだろうか。列車の出発を予告するのは、現在ではほとんどの駅で電子音になっている。でも、無機的で非情な「ベル」――漢字にすれば「電鈴」――の音だからこそ、男女の別れのせつなさを強調することができた。なまじ耳馴れたメロディーに送られて列車が出発したのでは、気分が台なしになる。どこかの駅でベル保存運動をやれば、きっと客が集まるだろうに。

駅を舞台に使った歌謡曲は実に多くあるが、駅の名前をはっきり特定していない曲がほとんど。普遍性を持たせて、どこで起ってもおかしくないと聴き手に納得させるためである。ところが、題名からして堂々と固有名詞で駅名を示している曲が僅かながらあって、それがよく知られるようになった。それは、その駅が独自のはっきりした個性を持っていることが、多くの人たちから認められていたからである。

「あゝ上野駅」昭和三九（一九六四）年

作詞　関口義明

作曲　荒井英一

歌　井沢八郎

敗戦後の荒廃から急速に立ち直って成長を遂げた日本は、昭和三一（一九五六）年に「もはや戦後ではない」という文句（もともとは同年の『経済白書』で使われた言葉）がよく言われるようになった。少なくとも経済的繁栄では世界のナンバー・ワンの国にのし上ったことを内外に誇示しようとしたのが、昭和三九（一九六四）年の東京オリンピックだった。当然のことながら、金と人との東京一極集中が起って、地方からいくら人を吸い寄せて雇ってもまだ足りない。「金の卵」と当時呼ばれていた、中学校卒業したての若者はとくに歓迎された。

彼らを満載した「集団就職列車」という専用臨時列車が、主として東北から上野駅に到着した。それ以外に、もちろん定期列車で上京した人たちも多い。東北・上越・長野新幹線などなかった頃だから、ほとんどが夜行ドン行列車の自由座席車に座って（ある者は床に座って）やって来て、希望と不安を交錯させながら上野駅の（主として地平の）プラットフォームに足を下ろした。

その様子が新聞などで大きく報じられ、世間の大きな話題となった。銀行員であった関口義

上野駅歌碑

明がこの応援歌を作った。既にあげた（2ページ参照）石川啄木の詩にある「停車場」が上野駅であることは、実名が出ていなくても当時は誰にもわかっていた。「上野駅」は東京駅とは違った特別の個性を持っていて、それは一般に広く認められていたのである。地味で泥くさいイメージがまず先に立つ。上野駅に着いた若者で丸の内のオフィスに勤めた者ももちろんいたはずだが、やはりこの歌にあるように、中小企業か個人商店に就職して、自転車で配達の仕事をさせられて、花の東京を夢みていたのに、現実は厳しく残酷で、ともすれば心がくじけそうになるという方がすんなり聴き手に受入れられた。

この歌が誕生してもう半世紀近くなる。上野駅に歌碑が作られるまでになったが、その上野駅の現状は大きく変ってしまった。いや、東京という大都市の持つ位置も変ってしまった。集団就職列車なんぞとは夢にも考えられない。かりにあったとしても、それは新幹線を走って東京駅に到着するだろう。上野駅に遠くからの長距離列車が着いて、乗客が改札口に殺到するのも珍しくなっている。お盆や歳末に故郷へ帰ろうとする人でコンコースがあふれ、建物の外に大テントが張られることもない。

「あゝ上野駅」の歌は、ある時代の日本、東京、そして上野駅そのものの挽歌になっているように思えてならない。

「西銀座駅前」昭和三三（一九五八）年
作詞　佐伯孝夫
作曲　吉田正
歌　フランク永井

「ちょっと待った」と声がかかるのではあるまいか。「『あゝ上野駅』よりずっと前に、駅の実名を出して大ヒットした曲があったじゃないか。フランク永井の『有楽町で逢いましょう』を忘れて貰ってはこまるよ」

ところが、残念ながら昭和三二（一九五七）年に出て大ヒットしたあの曲の「有楽町」とは国

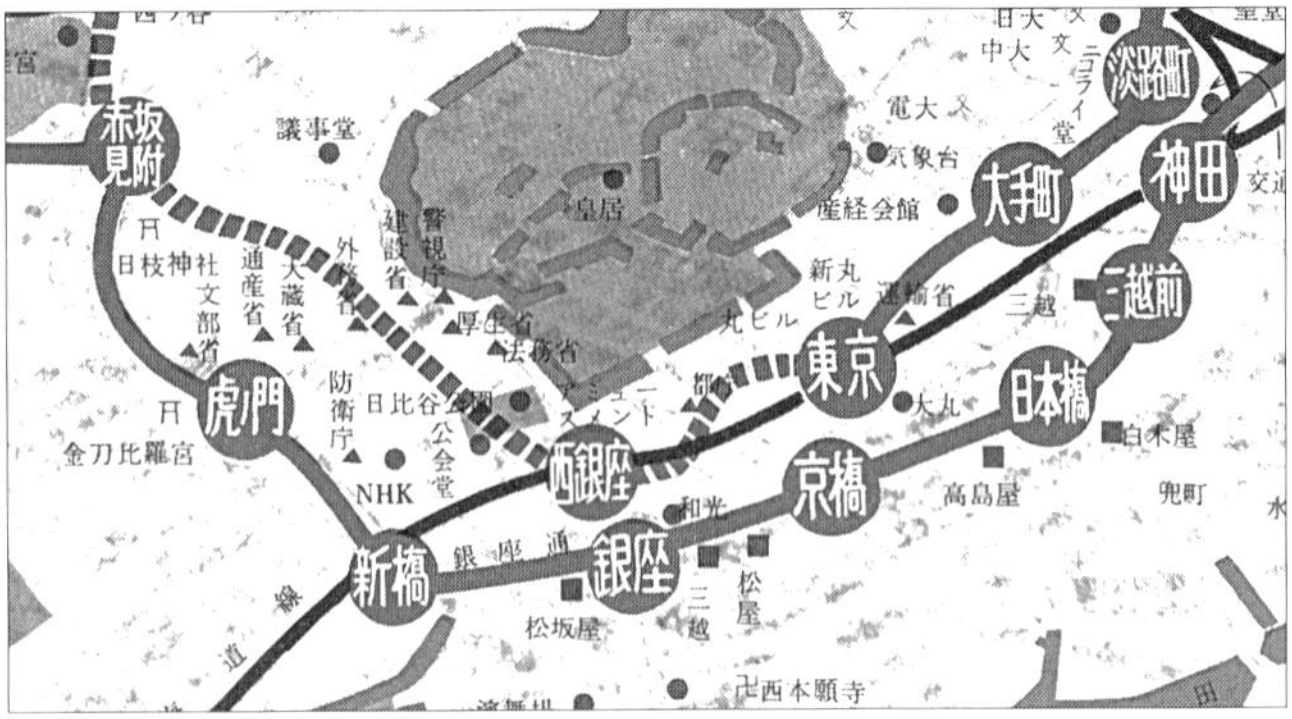

1958年頃の銀座付近の路線図　出典：帝都高速度交通営団「地下鉄路線図」

鉄（いまのＪＲ）の有楽町駅のことではなくて、地名なのである。もっとはっきり言ってしまうと、有楽町駅のすぐ横に新しく開店した、関西の大デパートが宣伝キャンペーンの一部として作った曲なので、男女が逢うのは駅ではない。鉄道は関係ないのだ。

でも、大変な人気を呼んだことは間違いないので、レコード会社は同じ作詞者、同じ作曲者、同じ歌手と三つ揃えて、翌三三（一九五八）年に似たような曲を発表した。これが『西銀座駅前』で、今度は確かに駅である。

「でも、西銀座なんて駅は現実にないよ。架空の駅、フィクションの駅なんだろ」

いえいえ、西銀座という名前の駅は当時現実にあった。東京の地下鉄、当時は帝都高速度交通営団、通称「営団地下鉄」（現在の「東京メトロ」）が、銀座線に次ぐ第二の線として、池袋から御茶ノ水、東京と線路を伸ばして、昭和三三年一二月に有楽町近くの数寄屋橋の下に西銀座駅を開業して終点とした。つまり現在の丸ノ内線で、後に赤坂見付、新宿、荻窪まで延びることとなる。

だから、西銀座駅は銀座線の銀座駅とは全く別の駅で、乗りかえはできなかった。その後昭和三九（一九六四）年に、営団地下鉄日比谷線が開通して、銀座線の銀座駅と丸ノ内線の西銀座駅と直角に交わる形の新駅を作って、この三線が互いに乗りかえできるようになったので、西銀座と別の名を名乗ることができなくなり、銀座に変名した。

というわけで、西銀座駅ができたすぐ翌年に発表された歌「西銀座駅前」は架空でもフィクションでもない、まさに最新の現実の駅名を拝借して、大都会の最新の風俗をオシャレな形で全国に広めたのである。これまでとり上げて来た駅の歌は、どちらかと言うと感情的、いや感傷的な思い入れたっぷりで、野暮ったいと思う人もいただろうが、こちらはもっと洗練されていて、ドライなハードボイルド風だから、まさに「イカスじゃないか」と歓迎した人も多かったはずだ。だが、いまとなって見ると、「イカス」なんていう言葉も忘れられかかっている。「西銀座駅前」は、「あゝ上野駅」ほど広く記憶されていないし、「かつてここに西銀座駅ありき」という記念碑を建てようという声もない。やはり駅を歌ったものは、野暮ったくておセンチムード満点の方が好まれるのだろうか。

「なごり雪」昭和四九（一九七四）年
作詞・作曲　伊勢正三
歌　　　かぐや姫
（ただし翌五〇年にイルカが歌ったレコードにより大ヒットした。）

いよいよニューミュージックの時代となった。そこでは古くさい鉄道の駅なんか相手にして貰えないと思っていたら、この名作が生まれたのは嬉しい。舞台となっているのは東京のどこかの駅である。おそらく長距離列車が出発する駅であろうが、上野駅や新宿駅という気分ではないので、東京駅と考えるのがよかろう。

男と女の別れ方も、これまであげた歌とくらべると、ベタベタしたところがなく、サラッとしているところが、いかにも新しい時代を感じさせる。女は東京を去って故郷へ帰るのだろうが、夢破れて失意のうちに去って行くのではない。おそらく最初から東京を憧れの夢の都などと考えてはいなかったからだろう。残る男も（例えば「喝采」のように）止めようとするわけでもないし、（例えば「リンゴ村から」のように）列車と並んで泣きながら走るわけでもない。

東京へ出て来た人間が故郷へ帰るのが、別に大げさなドラマとなるわけでなく、ごく自然なこととなっている。一時「Uターン現象」という言葉が流行ったこともあったが、いまさらそんな言葉をわざわざ使って、とやかく言うだけ野暮だ。

この歌はひょっとしたら「駅」というもののこれからの運命を予言しているのかもしれない。駅が大仰なドラマ、古めかしい言葉を使うならば「愁嘆場」を象徴するのは、既に過去のものとなったのだろうか。駅は日常生活の中のごくありふれたひとコマになってしまうのだろうか。

というわけで、この一文ももったいぶった感慨は打ち止めにして、ごく日常的で気軽な、ユーモラスなナンセンス・ソングを紹介することで結びとしよう。

「恋の山手線」昭和三九（一九六四）年

作詞　小島貞二

作曲　浜口庫之助
歌　小林旭

上野からスタートして、鶯谷《うぐいすだに》、日暮里《にっぽり》と山手線内回り列車（つまり時計と逆回り）の順序で各駅の名前を読み込んでぐるっと回って来るというわけだが、実はこのアイデアを作り出したのは落語家の四代目柳亭痴楽《りゅうていちらく》で、彼の高座の十八番としてよく知られていた。それを基にして、文句を一部修正して、古典芸能である落語と一見場違いなロック調の曲を浜口庫之助が付けたのだから、ともかくおかしくてたまらない。

もちろん、駅名がそのまま使われているとは限らない。タネ明かしをしてしまったら面白くないから、一つだけバラすと、「日暮里笑った」という具合にデフォルメ。あとはどうぞご自分でお楽しみを。

さっき「各駅」と言ったが、やかましく言うとこれは間違いである。西日暮里駅が開業したのは昭和四四（一九六九）年のこと（営団地下鉄千代田線が開通したので、その接続のためである）だから、この歌に入っていないのは仕方ない。その他に、新大久保と浜松町を通過してしまって名前が出て来ない。なぜだかわからない。うまいギャグを作れなかったので無視されてしまったのかもしれない。読者の皆さんがうまいのをつけ加えたらいかが。あるいは、他の線に乗入れて新しい歌を作ってごらんになったらいかがでしょう。

第11章

駅名学入門

◎

和久田康雄

「地名学」は地理学や歴史地理学のれっきとした一部になっているようだ。しかしこれから私が駅名についてあれこれ論じることは、そんなりっぱな「学」というつもりはない。ただ、いろんな駅名のつけ方の中からいくつかの共通点を拾い出そうとする試みと思ってお読みいただきたい。

なおこの本は「世界の駅・日本の駅」と題されている。だから駅名についても、本来は世界各国のことを語らなければならないところ。しかしそれは筆者の手に余るので、外国の駅名についてては最初に短くふれるだけにしよう。

1　欧米の駅では

ヨーロッパで目立つのは各都市の「中央駅」である。ドイツ語ではハウプト・バーンホフといい、アムステルダムやミラノにはセントラル（チェントラーレ）駅がある。もっともハンブルクのようにハウプト・バーンホフはあっても、長距離列車の運行上はその先のアルトナという終端駅が重要な役割を果たしているところがある。

パリ東駅　撮影：中島啓雄氏 2008 年

各方面への線がそれぞれ終端駅を設けたため、一つだけを中央駅とするわけにはいかない都市も多い。例えばウィーンには西駅、南駅、北駅などが、ブダペストには東駅、西駅、南駅がある。パリには東駅、北駅もあるが、そのほか西にサンラザール駅、南にモンパルナス、オーステルリッツ、リヨンの各駅がある。

ベルリンでは、東ドイツ時代に東駅をハウプト・バーンホフと呼ばせていたこともあったが、それよりも都心にあるツォーロギッシャー・ガルテン（動物園）駅とフリートリッヒ・シュトラーセ駅が東西方向への長距離列車の発着にはよく使われている（最近はこの両駅の間に新しいハウプト・バーンホフが作られた）。動物園とはまるで市電の停留場のような名前だ

ワシントン・ユニオン駅

が、同じような停留場式の駅名といえばニューヨークやワシントンへの列車が発着するフィラデルフィアの三〇丁目駅だろう。

アメリカの大都市では、鉄道会社が共同使用するために作られたユニオン・ステーションを見ることがある。代表的なものはワシントンであり、シカゴも現在のアムトラック列車はこの名前がついた駅に集まってきている。

2 国鉄・JR流のやり方

東京で最初に開業した駅は官設鉄道の品川、ついで新橋（一八七二年）であり、日本鉄道の上野（一八八三年）などがそれに続いた。東京（一九一四年）は中央停車場として計画され、議論の末にこの名前になったという。当時の鉄道人にはロンドンやパリにロンドン駅やパリ駅のないことが常識になっていたので、東京駅という命名には首をかしげたのだろう。

東京駅の所在地は丸ノ内だが、地下鉄も線名は丸ノ内線と名乗りながら駅名は東京としている。それに対して大阪駅（一八七四年）のある大阪のキタでは、私鉄や地下鉄の駅名は梅田である。京都駅（一八七七年）も「鉄道唱歌」に歌われているとおり、当時の市民からは七条ステーションと呼ばれていた。

都市の中心駅で市の名称と違うものを名乗っているのは博多駅（一八八九年）である。武士の町・福岡と商人の町・博多のバランスをとって市名は福岡、九州鉄道の駅名は博多となり、実際にこの駅は東の博多側に置かれた。一方、現在の西日本鉄道のターミナル西鉄福岡（天神）駅はその名のとおり西の福岡側にある。

県庁所在地で途中から市内の別の駅に名前が移されたのは大津、松山、和歌山である（このほか横浜の例もあったがここでは省略する）。

最初の大津駅は琵琶湖に接したところに作られ（一八八〇年）、東海道線の全通後は馬場駅からの支線の終点となっていた。その馬場駅が二代目の大津駅となり、初代の大津は浜大津と改称された（一九一三年）。しかし東海道本線が東山トンネル経由の新線に切り替えられると、新線区間に三代目の大津駅が作られ、二代目の大津駅は膳所（ぜぜ）と改称された（一九二一年）。

松山を最初に走ったのは「坊っちゃん列車」の伊予鉄道（一八八八年）であり、その松山駅は外側駅と呼ばれていた時代もあったが、国鉄の讃予線（のちの予讃本線）が延びてくるとそれに名前を取り上げられ（一九二七年）、松山市駅と名乗るようになった。

和歌山では紀和鉄道（のちの国鉄和歌山線）が和歌山駅を（一八九八年）、南海鉄道が和歌山市駅を開いた。和歌山市～和歌山間は両社の連絡線として作られ、国鉄の列車も和歌山市駅を起点に走るようになった。しかし阪和電気鉄道（のちの国鉄阪和線）が紀勢西線（のちの紀勢本線）に接する東和歌山を終点としたため、国鉄ではしだいにこの駅が中心的な役割を果たすようになった。このためこれを和歌山駅と改称し、もとの和歌山駅は紀和駅と呼ぶことになった（一九六八年）。

官尊民卑の時代には、さきの松山のように国鉄が私鉄の駅名を取り上げることがあった。大戦中の工員輸送のため鶴見～東神奈川間に駅が開かれた時（一九四三年）、東京急行電鉄（旧・京浜電気鉄道）の新子安駅は京浜新子安（現在の京急新子安）と改称させられ、東海道本線の新駅が新子安を名乗った。

ＪＲとなってからも、山陽本線に阿品駅が新設された（一九八九年）後で、広島電鉄では宮島線の阿品駅を東阿品、田尻駅を広電阿品と改称した（二〇〇一年）という例がある。

そのＪＲ西日本では、湊町駅をＪＲ難波と改称している（一九九四年）が、これは大阪〜京都間をＪＲ京都線、大阪〜西明石間をＪＲ神戸線、尼崎〜篠山口間をＪＲ宝塚線と呼ばせているのと同じように、繁盛している私鉄にあやかろうとするたくましい商魂の現れであろう。

しかし、奈良線に新設されたＪＲ藤森（ふじのもり）駅は京阪電気鉄道の藤森駅との重複をさけた命名（一九九七年）であり、近年はこのように私鉄と同名の駅を作る時にはＪＲと冠していることが多い。

3　同じ名前の駅

新子安の例に見るように、同名の駅は作らせないようにするのが国鉄時代の指導方針だった。これは多くの駅が手小荷物扱いをしていて、荷物の行先は荷札に書かれた駅名に頼るしかなかったことも影響しているだろう。若松駅は筑豊本線（筑豊興業鉄道↓九州鉄道一八九一年）と磐越西線（岩越鉄道一八九九年）にあったのだが、後者は会津若松駅と改称（一九一七年）させられ、市名も後に会津若松市となっている。

しかし鉄道国有化以前の各鉄道から引き継いだ駅には、同名のまま続いてきたものがある。中でも大久保駅は、山陽本線（山陽鉄道一八八八年）、中央本線（甲武鉄道一八九五年）、奥羽本線（官設鉄道一九〇二年）と三つもある。

白石（しろいし）駅は東北本線（日本鉄道一八八七年）、函館本線（北海道炭礦鉄道一九〇三年）のほか、国有化後の肥薩線（一九〇八年）にもできた。

柏原駅は、関西本線（大阪鉄道一八八九年）が「かしわら」、福知山線（阪鶴鉄道一八九九年）が「かいばら」、東海道本線（官設鉄道一九〇〇年）が「かしわばら」と、それぞれ読み方は違うが、漢字だけでは区別がつかない。信越本線（官設鉄道一八八五年）の「よこかわ」と山陽本線（山陽鉄道一八九七年）の「よこがわ」がある横川駅も同じ。

いまでは駅の係員がこうしたまぎらわしい駅名を一生懸命に覚える必要もなくなったが、利用者にとって同名の駅で位置が違っていては不便である。東京地下鉄東西線の早稲田駅

（一九六四年）は早稲田大学の南側で、東京都営荒川線（旧・王子電気軌道）の早稲田（一九三二年）はその北側だから、両線を簡単に乗り換えることはできない。

首都圏新都市鉄道（つくばエクスプレス）の浅草駅（二〇〇五年）は東武鉄道、銀座線、浅草線の浅草駅とは離れており、会社では違う駅名とする予定だったのに、地元からどうしても浅草と付けろと言われてこうなったようだ。

4　駅名の差別化

同じ地域にある複数の駅を区別するためには「新」や「本」あるいは社名などをかぶせるほか、「中央」という言葉を加えることがある。山陽本線の竜野駅（一八九〇年）は竜野の町から離れていて、のちに姫新線の本竜野駅（一九三一年）ができた。東北本線の八戸駅ははじめ尻内駅という名前であり、八戸線に乗り換えて行く町の中心部に八戸駅があったのだが、そちらを本八戸と改めて本線の方を八戸とした（一九七一年）。

現在の琴平には土讃線の琴平（旧・讃岐鉄道）と高松琴平電気鉄道（旧・琴平電鉄）の琴電琴平

という両駅があるが、以前は琴平参宮電鉄の琴参琴平駅と琴平急行電鉄の琴急琴平駅（最初は電鉄琴平といった）もあった。

名古屋鉄道では、新名古屋、新一宮、新岐阜という主要駅の駅名を中部国際空港の開港とともに名鉄名古屋、名鉄一宮、名鉄岐阜と改めた（二〇〇五年）が、中間駅には名電赤坂、名電長沢、名電山中、名電各務原（かかみがはら）という駅名も残っている。はじめの三つは愛知電気鉄道が開いた駅で、最初は愛電○○と呼ばれていたもの。名電各務原は各務原鉄道が二聯隊前として開いたもので、どちらも名古屋電気鉄道が経営していた時代はなかったから、「名電」は厳密にいえば社名の略号ではない。

京浜急行電鉄の前身は京浜電気鉄道と湘南電気鉄道であり、それぞれ京浜蒲田や京浜川崎、湘南富岡や湘南大津といった駅名があった。そのうち湘南○○はいったん京浜○○に改められたが、会社の略称を京急としたため、現在ではみんな京急○○となっている。

その京急には横須賀中央駅があり、上毛電気鉄道には中央前橋駅があるが、小樽駅は最初に北海道鉄道が開設した時には小樽中央駅であり（一九〇三年）、それが中央小樽駅となり（一九〇五年）、さらに小樽駅となった（一九二〇年）。それまでは旧・北海道炭礦鉄道の区間に小樽駅があって、この時に南小樽と改称している。

町はずれの小駅が中央駅に出世したのは鹿児島である。この駅はまず武（たけ）駅として作られ（一九一三年）、それが西鹿児島駅と改称していた（一九二七年）。しかし、列車の運行上はしだいにこの「西駅」が鹿児島駅より重要な地位に成長し、九州新幹線の終点もこちらに作られて、その開業とともに鹿児島中央駅と改称している（二〇〇四年）。

5　港と空港の駅

外国航路の客船が活躍していた時代には、船車連絡のために〇〇港（みなと）という駅を設けることがあった。東海道の支線には横浜港、名古屋港、神戸港の各駅があり、このほか敦賀港駅にはウラジオストク航路、長崎港駅には上海航路の連絡列車が発着していた。ただし神戸港駅は小野浜駅に統合後は「こうべこう」と呼ばれた。

国内旅客船のために作られたのは小松島港（こう）駅だったが、これは小松島駅の構内という扱いだった。高松駅の先にあった高松桟橋駅も正式の駅ではなかった。

稚内駅ははじめ稚内港（みなと）駅として開設され、サハリンへの稚泊連絡船のために稚内桟橋駅ができると旧・稚内駅を南稚内駅と改称して、こちらが稚内駅となった。

二〇世紀末からは空港連絡鉄道の建設が進められ、千歳線の新千歳空港駅、仙台空港鉄道の仙台空港駅、成田線と京成電鉄の成田空港駅、東京モノレールの羽田空港第一ビル・第二ビル駅、京浜急行電鉄の羽田空港駅、名古屋鉄道の中部国際空港駅、大阪高速鉄道の大阪空港駅、関西空港線と南海電気鉄道の関西空港駅、神戸新交通の神戸空港駅、福岡市営の福岡空港駅、宮崎空港線の宮崎空港駅、沖縄都市モノレールの那覇空港駅が作られている。このほか境線には米子空港駅が新設された。

なお現在の成田空港駅ができるまで、京成電鉄では現在の東成田駅を成田空港駅と称して、ここからバスで空港ターミナルに連絡していた（一九七八〜一九九一年）。また京浜急行電鉄では空港線（旧・穴守線）の稲荷橋駅を羽田空港駅と称して（一九五六〜一九九三年）、一時はここからのバス連絡も試みた。

6　地名以外の駅

駅の近くにある官庁や学校などの公共的施設、神社や寺院などの宗教施設、あるいは公園やスポーツ施設を駅名にすることも多い。京成電鉄には博物館動物園駅があった。しかし学校の場合にはそれが移転したり名称が変わったりすると困ることになる。東京急行電鉄の学芸大学と都立大学の例はよく知られている。

「橿原神宮駅」駅の駅名札（1969 年撮影）

京浜急行電鉄には学校裏という駅があった。現在の平和島である。山万（ユーカリが丘線）には女子大という駅があるが、実際には女子大はないのだとか。

鳴門線はもともと阿波鉄道という私鉄だっただけに、教会前と金比羅前という珍しい駅名が並んでいる。その次の撫養（むや）駅も以前はゑびす前（のち蛭子前）といった。

橿原神宮は初代の神武天皇を祀っているということで、一時期は特別に神聖視された。このため近畿日本鉄道（旧・大阪電気軌道）にあった橿原神宮前という名前の駅は「橿原神宮駅」駅と改称させられた。現在ではもとの橿原神宮前駅に戻っている。

線路が谷間を走っている場合には○○前ではなく○○下とすることがある。東京都営の停留場として現在の荒川線には学習院下があり、かつては墓地下（旧・青山墓地下）と赤十字病院下もあった。

○○前というには少し離れている時には○○口という言い方が使われる。東海道本線の甲子園口はその一例だったが、今ではこれが駅付近の地名になった。和歌山線には吉野口と高野口があり、後者はやはり地名である。

鶴見線には旧・鶴見臨港鉄道社長の浅野総一郎と関係のあった人物からとった駅名が並んでいるが、そのうち安善駅（安田善次郎にちなむもの）、武蔵白石駅、大川駅の所在地は、それぞれ安善町、白石町、大川町である。しかし浅野駅（および廃止された若尾駅）は町名ではなく、伯備線の方谷（ほうこく）駅、智頭鉄道の宮本武蔵駅と同様に純粋の人名駅のようだ。田沢湖線（旧・橋場線）の小岩井駅は牧場より後年の開設（一九二一年）だが、その小岩井農場は創立者である小野義真、岩崎彌之助、井上勝の名をとったもの。

地名や施設名、ゆかりの人名とも関係のない抽象名詞を駅名にしたのは、白糠線の北進駅であった。これは白糠～上茶路間だった白糠線が延長された時（一九七二年）、さらに北への建設を期待して新しい終点（地名はこのあたりも上茶路）に付けたもの。しかし白糠線は国鉄の特定地方交通線として廃止（一九八三年）されたので、この駅は僅か一一年という短命に終わった。

参考文献

◉第一章

青木栄一『鉄道忌避伝説の謎』（歴史文化ライブラリー二二二）吉川弘文館、二〇〇六年
青木栄一『鉄道の地理学』WAVE出版、二〇〇八年
青木栄一『交通地理学の方法と展開』古今書院、二〇〇八年
木村辰男『基礎からの交通地理』古今書院、一九九一年
原田勝正『鉄道史研究試論――近代化における技術と社会――』日本経済評論社、一九八九年
三木理史『水の都と都市交通――大阪の二〇世紀――』成山堂書店、二〇〇三年

◉第二章

伊藤滋「停車場の変遷」『建築雑誌』第六九三号、一九四三年
小野田滋、田澤貴志「土橋長俊とその時代」『鉄道建築ニュース』第六八三号、二〇〇六年
鉄道建築協会設計部編『国鉄の建築　一九六〇年』有明書房、一九六一年

Meeks, C. *The Railload Station.* Yale University Press. 1956

◉第三章

池田光雅『鉄道総合年表一九七二〜九三』中央書院、一九九三年

交建設計・駅研グループ『駅のはなし』成山堂書店、二〇〇四年

国土交通省鉄道局監修『数字でみる鉄道二〇〇八』運輸政策研究機構、二〇〇八年

国土交通省鉄道局監修『鉄道要覧』電気車研究会、二〇〇八年

電気車研究会『国鉄電車発達史』鉄道図書刊行会、一九五七〜五八年

中村健治『中央線誕生』本の風景社、二〇〇三年

日本国有鉄道『日本国有鉄道百年史』一九六九〜七四年

日本国有鉄道車両局『一〇〇年の国鉄車両』交友社、一九七五年

日本国有鉄道新宿駅『新宿駅一〇〇年のあゆみ』一九八五年

各鉄道会社　ホームページ

Wendell Cox Consultancy "*Urban Transport Fact Book*" 2003.

Wikipedia　関係ページ

◉第四章

小松芳喬『鉄道の生誕とイギリスの経済』清明会双書、一九八四年
上楽隆『鉄道貨物輸送と停車場』東神堂、一九九七年
鉄道貨物協会『二〇〇九　ＪＲ貨物時刻表』二〇〇九年
日本貨物鉄道株式会社『貨物資料集　平成一九年度版』
日本貨物鉄道株式会社『写真で見る貨物鉄道百三十年』二〇〇七年
日本貨物鉄道株式会社『貨物鉄道百三十年史』二〇〇七年
日本国有鉄道『日本国有鉄道百年史』一九六九〜七四年
日本通運株式会社『日通二十年』一九五七年
升田嘉夫『鉄路のデザイン』批評社、一九九七年
各鉄道会社ホームページ
Association of American Railroads "*Railroad Statistics*"2008

International Union of Railways "*International Railway Statistics*" 2007
Wikipedia 関係ページ

◉第五章

伊予鉄道『伊予鉄道百年史』伊予鉄道、一九八七年
運輸政策研究機構『日本国有鉄道 民営化に至る一五年』成山堂書店、二〇〇〇年
小川 功「西武グループの系譜」『鉄道ピクトリアル』七一六号
小田急電鉄『小田急五十年史』小田急電鉄、一九八〇年
木村吾郎『日本のホテル産業史』近代文藝社、一九九四年
近畿日本鉄道『八〇年のあゆみ』近畿日本鉄道、一九九〇年
京王帝都電鉄『京王帝都電鉄三十年史』京王帝都電鉄、一九七八年
鉄道ジャーナル社『年鑑 日本の鉄道』各号、鉄道ジャーナル社
東京急行電鉄『東京急行電鉄五〇年史』東京急行電鉄、一九七三年
東武鉄道『東武鉄道百年史』東武鉄道、一九九八年

名古屋鉄道『名古屋鉄道百年史』名古屋鉄道、一九九四年
南海電気鉄道『南海電気鉄道百年史』南海電気鉄道、一九八五年
日本国有鉄道『日本国有鉄道百年史』日本国有鉄道、一九六九～一九七二年
阪急電鉄『七五年のあゆみ』阪急電鉄、一九八二年
阪神電気鉄道『阪神電気鉄道百年史』阪神電気鉄道、二〇〇五年
宮野力哉『百貨店文化誌』日本経済新聞社、二〇〇二年
柳田義男『大手民鉄のホテル戦略』交通新聞社、二〇〇二年
Charles Wassermann: *Canadian Pacific die grosse Eisenbahn*. 1979 F. A. Herbig Verlagsbuchhandlung.
Edwin Course: *London Railways*. 1962 B. T. Batsford.
Jack Simmons & Gordon Biddle: *The Oxford Companion to British Railway History*. 1997 Oxford University Press
John A. Droege: *Passenger Terminals and Trains*. 1916 McGraw Hill Book.
Oliver Carter: *An Illustrated History of British Railway Hotels 1835-1983*. 1990 Silver Link Publishing.
Omer Lavellee: *Van Horne's Road*. 1977 Railfare Enterprises.

◉第一一章

石野　哲編『停車場変遷大事典　国鉄・ＪＲ編』（一九九八年ＪＴＢ）

中島啓雄　なかしま・ひろお　1937年生まれ。東京大学経済学部卒業後、日本国有鉄道に入社。JR貨物常務取締役などを経て、1999年参議院議員に当選。文教科学委員長、予算委員会理事など歴任。研究テーマは交通政策、財政。著書に『現代の鉄道貨物輸送』(1995年)、『活力ある日本：乗りたくなる電車・バス』(2007年) など。

佐藤喜一　さとう・きいち　1930年生まれ。東京都立大学大学院修士課程修了（近代日本文学専攻)。都立富士、青山高校教諭を経て、母校である都立新宿高校に長年勤務。著書に『汽笛のけむり今いずこ』(1999年、第25回交通図書賞受賞)、『されど汽笛よ高らかに』(2002年)、『鉄道の文学紀行』(2006年) など。

臼井幸彦　うすい・ゆきひこ　1944年生まれ。京都大学大学院工学研究科修士課程修了。工学博士。現在、札幌駅総合開発株式会社社長。著書に『駅と街の造形』(1998年)、『映画の中で出逢う「駅」』(2006年)、『シネマの名匠と旅する「駅」』(2009年)、『駅とアートは求め合う』(共著、2009年) などがある。

三浦　篤　みうら・あつし　1957年生まれ。東京大学教養学部卒業。現在、東京大学総合文化研究科教授。専門はフランス近代絵画史、日仏美術交流史。著書に『まなざしのレッスンⅠ：西洋伝統絵画』(2001年)、『自画像の美術史』(2003年)、『近代芸術家の表象』(2006年) など。

米山淳一　よねやま・じゅんいち　1951年生まれ。獨協大学英語学科卒。岸信介事務所を経て、日本ナショナルトラスト事務局長を務める。全国で保存・活用・再生を手がけた歴史・自然遺産多数。著書に『「地域遺産」みんなと奮戦記』(2007年)、『星さんの鉄道昔ばなし』(共著、2004年)、『上越線：(写真集)』(1982年) など。

著者略歴

【編者】

小池　滋　こいけ・しげる　1931年生まれ。東京大学文学部卒業後、東京都立大学や東京女子大学で英語・英文学の教師を勤めた。専門の英文学関係の著書・邦訳書の他に『英国鉄道物語』（1977年）、『世界鉄道百科図鑑』（共訳、2007年）など鉄道関係の著書・訳書もある。鉄道を文化の一部としてとらえることを基本姿勢とする。

青木栄一　あおき・えいいち　1932年生まれ。東京教育大学大学院理学研究科博士課程（地理学）修了。理学博士。東京学芸大学名誉教授。日本地理学会名誉会員。鉄道史学会会長、歴史地理学会会長などを歴任。主として交通地理学の研究に従事。著書に『鉄道の地理学』（2008年）、『鉄道忌避伝説の謎』（2006年）など。

和久田康雄　わくだ・やすお　1934年生まれ。東京大学卒業後、運輸省、日本民営鉄道協会、日本鉄道建設公団などに勤務。著書に『人物と事件でつづる鉄道百年史』（1991年）、『やさしい鉄道の法規』（1997年）、『日本の市内電車 1895 ～ 1945』（2009年）、訳書に『世界鉄道百科図鑑』（共訳、2007年）など。

【執筆者】（執筆順）

三木理史　みき・まさふみ　1965年生まれ。関西大学大学院文学研究科博士課程後期課程中退。現在、奈良大学文学部准教授。専攻は交通地理学、歴史地理学。著書に『近代日本の地域交通体系』（1999年）、『地域交通体系と局地鉄道』（2000年）、『局地鉄道』（2009年）など

小野田滋　おのだ・しげる　1957年生まれ。日本大学文理学部応用地学科卒業後、日本国有鉄道に入社。海外鉄道技術協力協会などを経て、現在、鉄道総合技術研究所技術情報課長。工学博士。主著に『鉄道構造物探見』（2002年）、『鉄道と煉瓦』（2004年）など。鉄道技術史全般、土木史、近代建築史などに関心がある。

世界の駅・日本の駅

2010年6月25日　第1刷

編　者　小池滋、青木栄一、和久田康雄
装　幀　桂川　潤
発行者　長岡 正博
発行所　悠　書　館
〒113-0033　東京都文京区本郷2-35-21-302
TEL 03-3812-6504　FAX 03-3812-7504
URL http://www.yushokan.co.jp/

印刷・製本：(株) シナノ印刷

ISBN978-4-903487-38-0
定価はカバーに表示してあります。

第1章 イギリス　湯沢 威　学習院大学経済学部教授
産業革命の画竜点睛、レールウェイの出現！

第2章 ドイツ　松永和生　地域発展計画研究者機構事務局長
ビスマルクのドイツ統一鉄道とヒトラーの鉄道戦略

第3章 フランス　菅 建彦　交通協力会理事
鉄道職員の抵抗運動と新幹線・TGVの技術競争

第4章 イベリア　原口隆行　鉄道ライター
内戦さなかの鉄道建設とタルゴの開発

第5章 イタリア　橋爪智之　鉄道ライター
国家統一のための建設とファシストの権力誇示装置

第6章 スイス　長 真弓　海外鉄道研究会会員
アルプス貫通トンネル建設の苦闘の歴史と登山鉄道

第7章 ハンガリー　原口隆行　鉄道ライター
独立気運の高まる中での鉄道建設

第8章 ポーランド　秋山芳弘　海外鉄道技術協力協会
大国に分割される鉄道網と戦後国家建設への貢献

第9章 北欧　小山 徹　埼玉大学教授
群島をつなぐ大橋の建設と進展する地下鉄網

第10章 ロシア　千野琢弥　元日本交通公社国内旅行部次長
大いなるシベリア鉄道建設と迷走するロシアの鉄道

第11章 中近東　高津俊司　鉄道建設・運輸施設整備支援機構理事
ヨーロッパ資本による建設と石油利権と巡礼鉄道

第12章 アフリカ　吉田昌夫　日本福祉大学大学院福祉社会開発研究科教授
列強国の侵略道具と金鉱獲得への欲望

第13章 アメリカ合衆国　西藤真一　運輸調査局
規制緩和による合理化策とモザイク化する鉄道網

第14章 カナダ　林弥太郎　（株）カナディアンネットワーク代表
枠を結した大陸横断鉄道とロッキー観光鉄道

第15章 ラテンアメリカ　今井圭子　上智大学経済学部教授
枕木1本、人柱1人——過酷な密林工事と果物輸送

第16章 南アジア　多田博一　大東文化大学名誉教授
大英帝国主導の建設とインドへの技術・文化の普及

独立後のインド鉄道　吉野 宏　インド三菱商事取締役
進展するメトロ計画と活況を呈する鉄道ビジネス

第17章 東南アジア大陸部　柿崎一郎　横浜市立大学国際科学部准教授
政略優先の政治鉄道から市場優先の経済鉄道へ

第18章 東南アジア島嶼部　野村 亨　慶応義塾大学総合政策学部教授
日本軍による鉄道建設と首都圏のLRT開発

第19章 東アジア　山田俊明　鉄道史学、産業考古学会会員
利権獲得競争の道具と5カ年計画による飛躍的延伸

第20章 日本　和久田康雄
分割民営による経営危機の脱却と鉄道貨物の盛衰

第21章 オーストラリア　西藤真一　運輸調査局
ゴールドラッシュの影響と利害が交錯した横断鉄道

第22章 ニュージーランド　小澤茂樹　運輸調査局情報センター主任研究員
マオリ人を駆逐した建設と環境保護に貢献する鉄道